EDUCAÇÃO empreendedora

ROSE MARY A. LOPES
ORGANIZADORA

EDUCAÇÃO empreendedora

conceitos, modelos e práticas

ELSEVIER

SEBRAE

CAMPUS

Copidesque: Andréa Campos Bivar
Revisão: Edna Cavalcanti e Roberta Borges
Editoração Eletrônica: Estúdio Castellani

Elsevier Editora Ltda.
Conhecimento sem Fronteiras
Rua Sete de Setembro, 111 – 16º andar
20050-006 – Centro – Rio de Janeiro – RJ – Brasil

Rua Quintana, 753 – 8º andar
04569-011 – Brooklin – São Paulo – SP – Brasil

Serviço de Atendimento ao Cliente
0800-0265340
sac@elsevier.com.br

ISBN 978-85-352-3920-1

Nota: Muito zelo e técnica foram empregados na edição desta obra. No entanto, podem ocorrer erros de digitação, impressão ou dúvida conceitual. Em qualquer das hipóteses, solicitamos a comunicação ao nosso Serviço de Atendimento ao Cliente, para que possamos esclarecer ou encaminhar a questão.

Nem a editora nem o autor assumem qualquer responsabilidade por eventuais danos ou perdas a pessoas ou bens, originados do uso desta publicação.

CIP-Brasil. Catalogação-na-fonte
Sindicato Nacional dos Editores de Livros, RJ

E26 Educação empreendedora : conceitos, modelos e práticas / Rose Lopes (org.). – Rio de Janeiro : Elsevier ; São Paulo : Sebrae, 2010.

ISBN 978-85-352-3920-1

1. Empreendedorismo – Estudo e ensino. 2. Incubadoras de empresas. 3. Administração de empresas. I. Lopes, Rose. II. SEBRAE/SP.

10-1564. CDD: 658.11
CDU: 658.016.1

OS AUTORES

ANA LÚCIA VITALE TORKOMIAN

Possui graduação em Engenharia de Produção (1987) pela Universidade Federal de São Carlos e mestrado (1992) e doutorado (1997) em Administração, área de Gestão de Ciência e Tecnologia, pela Universidade de São Paulo. Desde 1993 é professora no Departamento de Engenharia de Produção da Universidade Federal de São Carlos, atuando na área de Gestão de Tecnologia, principalmente nos seguintes temas: cooperação universidade-empresa, empreendedorismo, polos e parques tecnológicos, inovação tecnológica e propriedade intelectual. De 2001 a 2009 foi Diretora da Fundação de Apoio Institucional ao Desenvolvimento Científico e Tecnológico FAI.UFSCar e de 2002 a 2009 Assessora da Reitoria, especialmente em temas relacionados a Gestão de Tecnologia e Inovação. Foi eleita membro da coordenação nacional do Fórum Nacional de Gestores de Inovação e Transferência de Tecnologia – Fortec, em 2006 e reeleita em 2008. Em maio de 2008 assumiu a diretoria executiva da Agência de Inovação da UFSCar, onde permaneceu até outubro de 2009, quando foi cedida ao Ministério de Ciência e Tecnologia. Desde novembro daquele ano é Secretária Adjunta da Secretaria de Desenvolvimento Tecnológico e Inovação SETEC/MCT.

CARLOS AMORIM LAVIERI

Bacharel em Arquitetura e Urbanismo pela Universidade de São Paulo, Pós-Graduado em Administração de Empresas pela EAESP (Fundação Getulio Vargas-SP), Mestre em Administração pela FE-AUSP. Sócio da Central de Ensino para Graduados desde 2002, onde atua como coordenador acadêmico e professor. Professor no Instituto Presbiteriano Mackenzie. Tem interesse nos temas: administração estratégica, empreendedorismo, educação, franquias e avaliação de desempenho.

EMERSON MORAIS VIEIRA

Engenheiro Agrônomo pela Universidade de Taubaté (1992) e Mestre em Desenvolvimento Econômico IE/UNICAMP (2008). Desde 1997 atua no SEBRAE-SP (Serviço de Apoio às Micro e Pequenas Empresas do Estado de São Paulo), onde é consultor, exercendo atualmente a Gerência Executiva de Desenvolvimento do SEBRAE-SP. Possui experiência nas áreas de agronegócios e projetos de desenvolvimento em territórios rurais, tendo atuado nas regiões do Vale do Paraíba e Alto do Tietê. É professor em cursos de planejamento agropecuário e empreendedorismo.

FÁBIO ROBERTO FOWLER

Doutor em Marketing Estratégico pela FEA/USP (2003). Mestre na Área de Administração Geral pela FEA/USP (1997) – Dissertação em Educação Empreendedora. Especialização em Empreendedorismo por DUBS – Inglaterra (1994). Graduação em Engenheira Mecânica – Ênfase Produção, pela UNIFEI – Universidade Federal de Itajubá (1987). Coordenador do Curso de Graduação em Administração (habilitação Empreendedorismo e Negócios) da UNIFEI – (1997-2007). Prestou serviços para Schlumberger Seaco Inc., durante cinco anos em vários países (Austrália, Indonésia, Nova Zelândia, Brasil) como *Senior Field Engineer*, tendo como clientes

Shell, Petrobras, Total e outros. Nos últimos seis anos trabalhou para esta empresa como consultor e pesquisador nas áreas de desenvolvimento pessoal (Empreendedorismo Corporativo) e marketing estratégico B2B. Professor Adjunto da UNIFEI desde 1992, ministrando disciplinas de graduação e pós-graduação nas áreas de empreendedorismo, finanças e marketing.

LUCIA RADLER DOS GUARANYS

Doutora em Engenharia de Produção pela (COPPE–UFRJ). Professora do Departamento de Sociologia do Instituto de Filosofia e Ciências Sociais (IFCS–UFRJ). Analista de Projetos do Departamento de Projetos e Programas/Área de Pequenas Empresas Inovadoras/Financiadora de Estudos e Projetos (FINEP).

MARCO AURÉLIO BEDÊ

Economista e doutor pela Faculdade de Economia de Administração da Universidade de São Paulo (USP), já publicou diversos artigos e livros sobre economia industrial e micro e pequenas empresas, entre os quais *Sobrevivência e mortalidade das empresas paulistas de 1 a 5 anos* e *Onde estão as micro e pequenas empresas no Brasil*. Durante 12 anos atuou como coordenador do Observatório das Micro e Pequenas Empresas do SEBRAE-SP. É professor de economia, palestrante e consultor de empresas e organizações. Especialista em tendências econômicas, pequenos negócios, empreendedorismo e metodologias de estudos e pesquisas.

MARIA AMÉRICA DE ALMEIDA TEIXEIRA

Graduada em Pedagogia e Letras, Português e Literatura. Assessora para Assuntos em Educação, na FUNDHAS (Fundação Hélio Augusto de Souza/S.J.Campos), 2009–2010. Secretária Municipal de Educação (SME), em São José dos Campos/SP, 2001-2008. Diretora do Departamento de Educação Integrada, da SME de SJC, 1997-2000. Responsável pela implementação do Sistema de Gestão Integrado e da Educação Empreendedora em todas as escolas da Rede de Ensino Municipal, da cidade de São José dos Campos, compreendendo a Educação Infantil, o Ensino Fundamental e a Educação de Jovens e Adultos, no nível do Ensino Fundamental.

MARIA JOSÉ GUERRA

Doutora em Semiótica e Linguística Geral pela Universidade de São Paulo e pós-doutora em Comunicação Social – Comunicação Organizacional e Análise dos Discursos Institucionais, também pela Universidade de São Paulo. Professora e pesquisadora em instituições de ensino superior há mais de vinte anos, com experiência no ensino de Linguística, Teoria da Comunicação e Comunicação Organizacional. Pesquisadora do Grupo de Estudos Semióticos – Semiótica: modelos teóricos e descritivos – da FFLCH–USP e sócia fundadora da ABRAPCORP (Associação Brasileira de Pesquisadores em Comunicação Organizacional em Relações Públicas) com trabalhos na linha de pesquisa em Análise dos Discursos Institucionais. Responsável pela implementação de Projetos Interdisciplinares em inúmeras instituições de ensino superior. Coordenadora do curso de Comunicação Social. Avaliadora de Cursos Superiores do Sistema Basis–INEP. Orientação de monografias e teses na área de Linguística e Comunicação Social, participação em Comissão Institucional de Iniciação Científica, parecerista de inúmeras publicações e autora de diversos artigos publicados em revistas científicas. Também possui experiência profissional como redatora em agências de publicidade.

RENATO FONSECA DE ANDRADE

Engenheiro mecânico pela Universidade de São Paulo (1989), especializado em gestão empresarial pela EPGE–FGV, mestre (2003) e doutor (2009) em Engenharia de Produção, área de gestão da tecnologia e da inovação, pela Universidade Federal de São Carlos. Desde 1994 atua no SEBRAE–SP (Serviço de Apoio às Micro e Pequenas Empresas do Estado de São Paulo), onde é consultor com atividades voltadas ao planejamento estratégico corporativo e ao empreendedorismo. É professor em cursos de pós-graduação em disciplinas relacionadas aos temas: empreendedorismo, empregabilidade, gestão do conhecimento, inovação, redes sociais e criação de novos negócios.

RENE JOSÉ RODRIGUES FERNANDES

Graduado e mestre em Administração pela Fundação Getulio Vargas–SP (2006). Tem experiência na área de administração, atuando principalmente nos seguintes temas: empreendedorismo, competição de planos de negócios e inovação. Atualmente é coordenador sênior de projetos do Centro de Empreendedorismo e Novos Negócios da Fundação Getulio Vargas–SP (GVcenn) e diretor comercial do *Jornal Integração.* No GVcenn é diretor da competição internacional de planos de negócios "FGV Latin Moot Corp", da competição latino-americana de produtos inovadores "Idea to Product Latin America", coordenador do "Prêmio Empreendedor de Sucesso" e editor da newsletter trimestal "Notas e Notícias". No *Jornal Integração* é o editor do "Guia Integração" e responsável pelo departamento comercial. Já trabalhou no Interbanc Consulting e na Fundação Prefeito Faria Lima – CEPAM.

RONALD JEAN DEGEN

Foi professor da FGV de São Paulo onde introduziu em 1980 o primeiro curso de empreendedorismo no Brasil. O sucesso do curso entre os alunos o motivou a escrever o primeiro livro didático em Português sobre a matéria, *O empreendedor – fundamentos da ini-*

ciativa empresarial, publicado em 1989. Em 2009 lançou um novo livro didático, *O empreendedor – empreender como opção de carreira*. Suíço, Engenheiro formado pela Escola de Engenharia Mauá, Mestre pela Politécnica de Zurique, MBA pela Universidade de Michigan e Doutorando pela ISM de Paris. Atualmente é Vice-Presidente do Conselho de Administração da Masisa no Chile. Foi Presidente da Amanco Brasil e Argentina, da CPFL – Companhia Paulista de Força e da Elevadores Schindler. Foi também Diretor Superintendente da Editora Abril e da Listel, empresa que fundou em 1983.

ROSE MARY ALMEIDA LOPES

Psicóloga pela UFRJ, Mestre em Psicologia do Aconselhamento pelo Lesley College Graduate School (Cambridge, MA), Especialista em Marketing pela ESPM–São Paulo. Mestre e Doutora em Psicologia Social pela USP, com pesquisa focada em competências e tipos psicológicos de empreendedores. Além desses temas, tem focado a Educação Empreendedora e a relação Inovação e Empreendedorismo, sobretudo o de Base Tecnológica. Participou e apresentou trabalhos científicos em conferências, no Brasil e no exterior, podendo-se destacar o Babson College Entrepreneurship Research Conference (1999, 2000 e 2002), Internationalizing Entrepreneurship Education and Training (2003, 2006 e 2007) e Enanpad (2004 e 2009). É professora da ESPM São Paulo (Departamento de Administração), e nos programas de Pós-Graduação, onde ministra várias disciplinas: Psicologia Aplicada às Organizações, Gestão de Competências, Fator Humano, Gestão de Pessoas, Liderança e Gestão de Equipes. É professora de Pós-Graduação na FAAP (São Paulo e São José dos Campos), lecionando a disciplina de Empreendedorismo e Visão e Negócios. É consultora em Recursos Humanos, e também possui ampla experiência em Pesquisa Qualitativa de Marketing, sobretudo cooperando em projetos com empresas internacionais. Foi selecionadora credenciada do Empretec durante vários anos.

TALES ANDREASSI

Bacharel e Mestre em Administração pela Universidade de São Paulo. Master (MPhil) in Science and Technology Policy Studies pelo SPRU (Science Policy Research Unit), University of Sussex, Inglaterra. Doutor em Administração pela Universidade de São Paulo. Dedica-se à pesquisa e à docência nas áreas de empreendedorismo, estratégia e inovação. Foi pesquisador visitante no CPROST (Centre for Policy Research on Science and Technology), na Simon Fraser University (Canadá). Possui diversos artigos publicados no Brasil e no exterior. Atuou dez anos como Gerente de Projetos da Anpei (Associação Nacional de Pesquisa, Desenvolvimento e Engenharia das Empresas Inovadoras). Na FGV–EAESP, é professor de cursos de graduação e pós-graduação, coordenador do GVcenn (Centro de Empreendedorismo e Novos Negócios da FGV) e coordenador do MPGI – Mestrado Profissional em Gestão Internacional. Organizou a 16ª Edição do Intent Conference – Conferência Internacional sobre Ensino de Empreendedorismo e a 1ª Edição da BRICS Conference.

ZILÁ JOSELITA GRAZZIOTIN

Graduada em Pedagogia e Administração de Empresas pela UCS-Universidade de Caxias do Sul. Mestre em Administração pela Fundação Getulio Vargas, São Paulo.

É professora no curso de Administração de Empresas do UNIFIEO–Centro Universitário FIEO de Osasco–SP na disciplina gestão empreendedora e de projetos. Desde 1994 atua em IES, em disciplinas que focam o empreendedorismo como tema central. Organizou feiras de negócios e orienta trabalhos de conclusão de curso voltados para empreendedorismo.

INTRODUÇÃO

Nas duas últimas décadas, os assuntos Empreendedorismo e Empreendedores avançaram muito em termos de visibilidade e importância. Entretanto, parece que a temática Educação Empreendedora (EE) ainda carece de uma discussão mais sólida e embasada, que ajude em seu amadurecimento e norteamento, estimulando sua disseminação de forma mais profissional e eficaz. Assim, um grupo de professores, profissionais e pesquisadores envolvidos com a EE, percebeu que, a partir de seu conhecimento e experiências, poderia contribuir para esse aprofundamento e amadurecimento, oferecendo uma plataforma com diversos enfoques e perspectivas. Apresenta-se, neste livro, um panorama mais abrangente e fundamentado sobre o tema, adicionando casos concretos de aplicação da EE, que pudessem servir de exemplos, e de incentivo para outros professores e interessados.

Nesta obra o leitor encontra logo no Capítulo 1 – "Educação... Empreendedora?" – escrito por Carlos Amorim Lavieri, professor do Instituto Presbiteriano Mackenzie, uma discussão a respeito da Educação Empreendedora (EE), a partir do enfoque da Educação, em que procura abordar questões centrais e eliminar preconceitos, e situar como surgiu a EE, por que educar para o empreendedorismo, e preparar o leitor para a sequência dos próximos capítulos.

A seguir, o Capítulo 2 – "Referenciais para a Educação Empreendedora" – escrito por Rose Mary Almeida Lopes, professora da

ESPM-SP e FAAP, além de enfatizar a importância da EE para o desenvolvimento econômico e a cidadania, aborda definições, níveis de EE, se realmente seria possível educar alguém para o empreendedorismo e os benefícios e resultados da EE. Apresenta padrões e melhores exemplos da União Europeia e dos Estados Unidos, e recomendações, sobretudo para a EE no nível de educação superior. E mostra também como é a classificação utilizada nas universidades americanas para avaliar o grau de inserção da EE.

O Capítulo 3 – "Educação Empreendedora no Ensino Fundamental: O Caso da Educação Municipal de São José dos Campos" – foi escrito por Rose Mary Almeida Lopes (já apresentada) e por Maria América de Almeida Teixeira, atual Assessora para Assuntos em Educação, na FUNDHAS (Fundação Hélio Augusto de Souza) e ex-Secretária Municipal de Educação (SME), em São José dos Campos/SP (2001-2008). Ambas analisam e mostram a situação da EE de Primeiro Grau em outros países, bem como o que se recomenda abordar nesse nível de educação. E referem-se ao quadro teórico que influenciou o desenvolvimento e a implementação da EE na Educação Municipal de Primeiro Grau em São José dos Campos. Este caso de sucesso demonstra como, através da articulação de diversos programas, pedagogia e metodologias, competições oriundas ou não no Brasil, usados isoladamente, ou em conjunto, pode-se envolver professores e estudantes, com resultados muito interessantes. Os recursos apresentados são: Profissional do Futuro, Feira do Jovem Empreendedor Joseense, Aprendiz de Turismo, Jovens Empreendedores Primeiros Passos (Sebrae-SP), Mini-empresas da Junior Achievement Brasil, Pedagogia Empreendedora e o Centro de Educação Empreendedora (Cedemp).

No Capítulo 4 – "Educação Empreendedora nas Universidades Brasileiras" – as professoras e pesquisadoras Zila Grazziotin (UNIFIEO) e a Dra. Maria José Guerra (diversas IES e Pesquisadora da FFLCH/USP) desenvolvem uma análise histórica, socioantropológica abordando os desafios da educação para o século XXI, particularmente a necessidade de uma formação empreendedora para o estudante brasileiro. Destacam os aspectos da cultura que devem ser enfrentados pelas IES brasileiras para dar conta de assumir este desafio. A seguir, apresentam os pontos mais relevantes da pesquisa sobre EE em IES, realizada através de meios eletrônicos, que auxiliou na reflexão e na ampliação do debate sobre a inserção do ensino do empreendedorismo nos cursos de graduação, no Brasil. Enfatizam, ainda, questões importantes como a necessidade de interdisciplinaridade oposta ao quadro atual das disciplinas isoladas.

Segue-se, no Capítulo 5 – "Universidade Empreendedora: Conceito em Evolução, Universidade em Transformação" – de autoria da professora da UFRJ, e analista de projetos da FINEP, Lucia Radler dos Guaranys, uma discussão sobre a origem, os conceitos, os parâmetros e os critérios do que seja uma Universidade Empreendedora, conceito ainda em evolução. E apresenta o estudo de caso da PUC-Rio e sua transformação em direção à Universidade Empreendedora.

Também na mesma linha de Universidade Empreendedora, o Capítulo 6 – "UNIFEI – Universidade Federal de Itajubá: Uma Universidade Empreendedora –, elaborado pelo professor Fábio Fowler (UNIFEI), aborda a experiência de mais de 13 anos em EE desta universidade, desde os passos iniciais do Projeto Escola de Empreendedores, que culminou com a criação do Centro de Empreendedorismo GEFEI (Gestão Empresarial, Formação Empreendedora e Intraempreendedora). Apresenta uma proposta de modelo para desenvolvimento, implementação e análise de Programas de Desenvolvimento de Empreendedorismo (PDEs), que é base de criação de todos os programas do centro. Como evidências do sucesso concreto do modelo, são detalhadas a aplicação e os resultados correntes de dois programas lançados pelo Centro GEFEI. E finaliza listando as recentes iniciativas e projetos futuros em EE da universidade.

Ainda enfocando a EE no ensino superior, temos o Capítulo 7 – "Estratégias para Implementação de Programas de Educação Empreendedora (PEE) em Instituições de Ensino Superior (IES), a partir da Análise de Traços da Cultura Organizacional". Foi elaborado por Emerson Vieira (Sebrae-SP), Renato Fonseca de Andrade (Sebrae-SP) e Ana Lúcia Vitale Torkomian (UFSCAR) com o intuito de apresentar elementos para considerar a cultura organizacional na implementação de PEE em IES. Para isso abordam o tema cultura organizacional, seus conceitos, barreiras e facilitadores relativos a PEE em IES e apresentam um exemplo de estratégia para implementação de PEE. Apresentam também as tipologias de PEE e um método de "leitura" da cultura organizacional.

Uma preocupação dos professores de EE centra-se na pedagogia e nas técnicas da EE. No Capítulo 8, Marco Aurélio Bedê, professor e consultor de empresas e organizações e ex-Sebrae-SP, apresenta "Uma Avaliação sobre o Uso de Técnicas Lúdicas no Ensino do Empreendedorismo" também no ensino superior. Baseia-se na experiência com turma de terceiro ano do curso de ciências econômicas de uma universidade na cidade de São Paulo. Mostra como estruturou a disciplina em dois blocos, abordando o comportamento empreendedor e o plano de negócios, e também como os próprios alunos avaliaram individualmente a sua evolução do perfil empreendedor, comparando os resultados do início e do final do curso. Assim, procurou detectar como o curso impactou tanto no aspecto do comportamento, quanto na capacidade de elaboração do plano e na futura intenção de empreender.

Um dos recursos mais frequentemente associados à EE é o plano de negócios. Muitos cursos e programas enfatizam o seu ensino, e priorizam, e até usam-no quase como sinônimo de EE. Este tema é abordado no Capítulo 9 – "O Uso das Competições de Planos de Negócios como Ferramenta de Ensino de Empreendedorismo" – de autoria do professor Tales Andreassi, da FGV-EAESP e de Rene José Rodrigues Fernandes, que dirige importantes competições de planos de negócios promovidas pelo Centro de Empreendedorismo e Novos Negócios da FGV (GVCenn), onde ambos atuam. Esse capítulo objetiva fazer um panorama geral das competições, mostrando a ligação com o uso de planos de negócios, a evolução histórica, as justificativas para sua existência, as formas de organização, os casos de sucesso, as críticas e outras implicações. E terminam discutindo como essa ferramenta se relaciona ao uso do modelo *effectuation** no ensino do empreendedorismo.

Por fim, apresenta-se a contribuição de Ronald Jean Degen, o pioneiro na introdução de cursos de empreendedorismo no Brasil, em 1980, em São Paulo, e responsável pelo primeiro livro didático em português sobre o assunto. O Capítulo 10 – "Curso de Empreendedorismo para promover o desenvolvimento sustentável e a redução da pobreza" – apresenta sua proposta e sua reflexão sobre o duplo papel a ser exercido pelas escolas técnicas e instituições de ensino superior como fomentadoras tanto de empreendedores por oportunidade, como por necessidade. No caso do empreendedorismo por oportunidade, advoga que se deva investir nos alunos mais maduros, aqueles que, após agregar certa experiência profissional, regressam à faculdade e universidade para uma inflexão nesta carreira, particularmente, ao se definirem como interessados em empreender. Propõe que sejam envolvidos dentro de um determinado formato de programa, que articularia módulos presenciais com módulos virtuais – períodos de orientação e acompanhamento virtual, em que seriam auxiliados a elaborar e maturar planos de negócios mais consistentes, com maiores chances de vingar e ter sucesso. Por outro lado, as escolas técnicas e as universidades deveriam exercer o papel de "agentes socializantes" ao motivar e apoiar os seus alunos a promover a inclusão social através do empreendedorismo por necessidade. Para isso, é preciso analisar os bolsões de pobreza extrema, encontrar formas de neles promover o empreendedorismo, transformar a necessidade em oportunidade, e, assim, tirar definitivamente as pessoas da pobreza.

---

* Conceito disseminado por Saras D. Sarasvathy a partir de 2001, no artigo "Causation and effectuation: Toward a theoretical shift from economic inevitability to entrepreneurial contingency". *The Academy of Management Review*, v. 26, Iss. 2; p. 243.

Espera-se que, de fato, esta obra coletiva venha a cooperar para a disseminação da Educação Empreendedora no Brasil, tornando-a mais profissional e eficaz. E, que, ao provocar resultados, venha a fazer com que muitos adotem essa opção de serem proativos e protagonistas de suas vidas, cooperando para a sobrevivência, sustentabilidade, realização e vida de outras pessoas, fazendo, todos, um país melhor.

SUMÁRIO

CAPÍTULO 1

Educação... empreendedora?

CARLOS LAVIERI

Não há dúvidas quanto à importância da educação para o ser humano. Há inúmeros livros e textos, diversos autores e pesquisadores que constantemente se indagam sobre a educação e os diversos processos que a constituem. A educação é discutida como a forma pela qual o homem se faz homem, sendo, portanto, processo fundamental de transmissão cultural e estrutural do ser humano. Educação, nesse sentido, abrange mais do que saber as datas comemorativas, mais do que conceitos de equação aprendidos por um aluno, mais do que as ferramentas transmitidas pela faculdade ao bacharel, mais do que se vê na escola. Inclui aspectos culturais amplos, como a transmissão da língua, dos valores, e também aspectos simples, como um pai que ensina ao filho o comportamento correto diante de um sinal verde ou vermelho ou o que fazer com a lata vazia de refrigerante. Entretanto, no mundo acadêmico, prefere-se a palavra socialização para esse processo, que inclui a educação formal e a informal.

Entre os educadores, o debate centra-se nos processos formais de socialização, e se usa a palavra educação para designar especificamente a educação formal. Processos formais que incluem a escola, os currículos, as faculdades, os cursos, os seminários, os congressos, as feiras de ciência, os museus e a televisão, entre tantos outros.

De forma pragmática, é essa a única educação que compete discutir, pois é a única que pode ser direcionada. Nesse sentido, educação refere-se apenas àqueles processos de socialização que contemplam objetivo(s) e planejamento. Esse debate segue carregado de visões políticas, já que se a educação é o processo pelo qual a sociedade reproduz a si mesma, então diversos autores discutem como isso ocorre e de que forma os aspectos negativos da sociedade podem ser minimizados pela educação formal. Alguns autores chegam a extremos, centrando todo o debate no discurso sobre a perpetuação da dominação e o conflito de classes.

Essa preocupação com "o capitalismo" e o "neoliberalismo", o receio de, em vez de formar pessoas, preparar "mão de obra" para o mercado, produziu não apenas críticas, mas também um grande receio por parte dos educadores em admitir que o processo de inserção na sociedade inclui também o aprendizado de um trabalho e a inserção econômica. Esse receio muitas vezes tem consequências sobre os processos inerentes a um sistema de educação, como as avaliações dos professores e a busca por resultados, questionados como instrumentos negativos de uma visão neoliberal do mundo.

Observe, por exemplo, o trecho a seguir apresentado na 30ª reunião da Associação Nacional de Pós-Graduação e Pesquisa em Educação (Anped):

> Pelo que se percebe, a tendência será de precarização das condições de trabalho e de ensino. Os professores, com o aumento de alunos por turma, deverão se concentrar na tarefa de repassar conhecimentos e os alunos, de reproduzi-los nas avaliações. Nesse sentido, muito frequentemente, a ênfase será na memorização dos conteúdos, nas informações pertinentes aos diversos campos de conhecimento. [...]
>
> Tudo isso reforça a disposição para um descomprometimento com a formação de cidadãos críticos e a priorização da função de adestramento e preparação de mão de obra para o mercado, no intuito de formar presas dóceis da dominação. (Léda, 2007, p.12)

A professora Marilena Chauí, na citação a seguir, exemplifica algumas das preocupações desse grupo de educadores:

> Pensando numa mudança da universidade pública pela perspectiva da formação e da democratização, creio que podemos assinalar alguns pontos que são a condição e a forma dessa mudança:
>
> 1. Colocar-se claramente contra a exclusão como forma da relação social definida pelo neoliberalismo e pela globalização: tomar a educação superior como um direito do cidadão (na qualidade de direito, ela deve ser universal).

Se para alguns esse debate encerrou-se com a queda do Muro de Berlim, é importante considerar que boa parte dos professores ainda apresenta muitos dos valores e ideias que esse posicionamento postula, muitas vezes de maneira dogmática e outras, inconsciente. Por outro lado, devem-se pontuar também os acertos dessa visão e sua preocupação com valores, como a universalização do ensino e a ênfase na capacidade da educação de produzir uma sociedade crítica.

Se há problemas com essa visão de mundo, entretanto, isso não impede que seu oposto também possa ser questionado. Parte significativa dos educadores, sobretudo aqueles ligados à visão americana da educação superior, fez o processo inverso e centraliza os debates em perguntas como: "Como preparar o jovem para o mercado do futuro?", "Qual o processo educativo que dá mais resultado?", "Quem produz mais conhecimento?". É uma postura pragmática, que, por outro lado, muitas vezes ignora quão amplo deve ser um processo educativo.

Autores como Bertero, Calderon e Maculan observam que há uma tendência à "mercantilização" do ensino superior. Quantas vezes o ensino de um colégio não é considerado bom ou ruim apenas pelo número de alunos que tem sucesso no vestibular? Quantas faculdades não consideram a obtenção do emprego como único parâmetro para evidenciar excelência? Afinal, o que mede um *ranking* de universidades? Ora, certamente tem que haver a preocupação da inserção do jovem no mercado de trabalho, mas essa não pode ser a única ideia por trás de um planejamento educacional. Nesse intenso debate, as universidades privadas já foram até comparadas a "fábricas" (Nicollini, 2003). Acrescente-se a esse cenário de debate sobre o papel do educador no futuro da sociedade, as injustiças sociais do dia a dia e a principal contradição presente na educação: apesar de a educação objetivar a manutenção da sociedade com sua forma atual, a educação tem em sua essência o progresso social. O quebra-cabeças resultante é, no mínimo, interessante.

Considere agora o conceito de empreendedor de Schumpeter. Esse autor, um economista, percebeu que o desenvolvimento econômico da sociedade não existiria se não houvesse alguém que constantemente desequilibrasse a produtividade das organizações e das pessoas, introduzindo novas formas de atuar sobre os recursos com ganho econômico sobre as formas preexistentes. Para o economista, era a inovação, produzida e introduzida com sucesso pelos empreendedores, que conduzia ao progresso econômico das nações. Assim, pode-se definir o empreendedor como aquele que inova, aquele que propõe formas diferentes de fazer as coisas, aquele que reorganiza os recursos produzindo ganho. Se é realmente esse o empreendedor, ou ao menos a ideia por trás da ação empreendedora, e se considerarmos o conceito de maneira ampla, indo além do aspecto econômico, toda a educação que visa o desenvolvimento social poderia também ser considerada uma educação para desenvolvimento da atitude empreendedora.

Esse raciocínio, apesar de simples, é praticamente desconhecido para a maior parte dos educadores. Por outro lado, as discussões sobre educação empreendedora estão focadas, por motivos históricos, no aspecto da criação de empresas. Existem, é claro, educadores que se propõem a discutir a educação que forme pessoas ativas e atuantes positivamente na sociedade. Se empreender é tornar-se sujeito, mesmo que o conceito de uma "educação empreendedora" não tenha sido formulado com clareza por autores como Paulo Freire e Philippe Perrenoud,[1] entre outros, a ideia permeia diversos pontos de suas obras. Observe, por exemplo, o trecho a seguir sobre a andragogia:

> A noção de autodirecionamento na aprendizagem é baseada na filosofia humanista, cuja suposição fundamental é de que a educação deve ter seu foco no desenvolvimento do indivíduo. Em uma perspectiva humanista, os aprendizes são vistos de modo bem diferente daquele defendido por educadores mais tradicionais, ou seja, de que eles seriam simplesmente "recipientes vazios esperando para serem preenchidos com conhecimento".
>
> Na aprendizagem autodirecionada, o objetivo da educação tem um foco maior no processo (desenvolvimento do pensamento crítico, crescimento como pessoa e cidadão) do que no conteúdo. (De Aquino, 2007, p. 24)

Mesmo na obra de Piaget (1980, p. 141), encontramos argumentos favoráveis aos indivíduos inovadores: "[...] a sociedade espera das novas gerações mais do que uma imitação: espera um enriquecimento." Entretanto, afirmar que a preocupação de melhorar a sociedade através da educação é uma das ideias recorrentes para os educadores não permite inferir uma preocupação em preparar empreendedores criadores de empresas. Será que se trata apenas de um caso de confusão conceitual entre o empreendedor transformador social e o empreendedor empresário ou será que ao raciocinar sobre um, se está também discutindo características do outro? Mesmo que esses personagens sejam distintos, não seria desejável que as capacidades de mobilização de um e as posturas sociais do outro estivessem presentes em ambos? Por que, então, permanece o receio de discutir esse assunto? Por que parte de nossos professores brasileiros

---

[1] Ver, por exemplo, "A escola deve seguir ou antecipar as mudanças da sociedade?" (1994), de Philippe Perrenoud.

insiste numa agenda que apresenta o empreendedor como um "capitalista explorador", o empregado como uma "peça manipulável no jogo" e o desempregado como uma vítima, sem meios para sair dessa situação? Será que realmente os empresários objetivam apenas o ganho econômico? Será que não está nas capacidades do trabalhador superar o que esperam dele? Será que a inserção econômica do desempregado não depende principalmente dele mesmo?

Superadas essas questões iniciais, é hora de entender o estágio atual da educação empreendedora. O ensino do empreendedorismo não teve origem nas escolas regulares, como uma habilidade a mais a ser desenvolvida nos alunos, nem nas discussões filosóficas dos educadores. Na verdade, sua origem está ligada aos cursos de administração de empresas, quase como uma necessidade prática. Foi dentro das faculdades de administração que se desenvolveu, e é lá também que são elaboradas as pesquisas sobre os empreendedores. No entanto, há receio por parte dos professores de administração ao tratar do tema, talvez porque existam significativas diferenças entre formar um administrador e formar um empreendedor.

É curioso observar o distanciamento entre os profissionais preocupados com a educação e aqueles que procuram formar empreendedores. Há poucos estudos realizados em conjunto, poucos livros que olhem ambos os ângulos e até desconhecimento de lado a lado. Esperamos, com este livro, romper, em parte, essa barreira e convidar os professores de empreendedorismo a buscar mais sobre o tema na área da educação.

Historicamente, o ensino do empreendedorismo nasceu primeiro nos Estados Unidos, nas faculdades de administração, e se espalhou pelos diversos países. Em 1947, Myles Mace ofereceu o primeiro curso de empreendedorismo em Harvard para 188 alunos, mas com certeza uma série de fatos anteriores foram as bases para a criação desse curso. Fatos como a ida de Schumpeter para lecionar em Harvard no ano de 1932 ou o livro do economista Francis Walker *The Wages Question,* publicado já em 1876 (Katz, 2003). Esse curso e outros posteriores, mas da mesma época, estavam estruturados como cursos de administração para pequenas empresas, e não se deve esquecer de que mesmo a administração de empresas como disciplina era uma matéria que mal completara 60 anos.

Em 1953, Peter Drucker, na Universidade de Nova York, inicia um curso de empreendedorismo que, além da gestão de pequenas empresas, também se preocupa com a temática da inovação.

Se os cursos iniciais baseavam-se em como administrar pequenas empresas, e eram poucos, sua evolução foi impressionante. Em 1974, Karl Vésper reporta a existência de 104 cursos em universidades nos Estados Unidos. Próximo ao ano 2000, já eram 1.400 cursos (Katz, 2003). Nos dias de hoje, o foco não está apenas na administração de pequenas empresas, e há diversas metodologias, propostas e ambientes, alguns inusitados, em que o ensino do empreendedorismo está se desenvolvendo.

A evolução citada é também reflexo da nova forma de olhar o empreendedorismo que começa a disseminar-se. Fica cada vez mais evidente a importância do empreendedorismo para a economia, para a geração de renda e para a sociedade. Começa a formar-se um consenso de que empreender é a resposta para escapar do subdesenvolvimento, e processos de globalização e de crescimento acelerado de economias como Índia, China, Rússia ou Brasil sinalizam que alguns dos desafios aparentemente insuperáveis pelas políticas públicas das décadas de 1970 e 1980 podem ser resolvidos exatamente por aqueles que são os mais excluídos do sistema.

Discutem-se hoje o empreendedor social e as políticas públicas de fomento ao empreendedorismo, e como os arranjos comunitários, a agregação de valor, as parcerias entre os diversos setores da sociedade e a inovação podem, por fim, ser uma chance para a inserção social de quase metade da população mundial que ainda permanece à margem da economia global. Alguns desses temas serão debatidos em maior profundidade nos capítulos seguintes.

Nesse ponto, me parece importante explicitar um equívoco que muitas vezes passa implícito nas discussões acadêmicas sobre o tema empreendedorismo, gerando confusão e falsas polêmicas. Alguém poderia inferir, do que até agora foi exposto, que o empreendedor é um tipo especial de ser humano. Diferentes tentativas de encontrar um "perfil do empreendedor" foram realizadas, partindo da premissa de que é possível classificar as pessoas em empreendedores e não empreendedores. Na verdade, é fácil distinguir entre proprietários de empresas e não proprietários, mas quase sempre a atitude empreendedora está presente em pessoas que são donas de empresas, mas também nas que não o são. Parece mais acertado do que separar as pessoas em empreendedores e não empreendedores, discutir o "grau de empreendedorismo do indivíduo", sendo este uma medida do quanto as atitudes de uma pessoa são empreendedoras. Algumas das propostas para o ensino do empreendedorismo focalizam a criação de empresas, outras, o desenvolvimento da atitude empreendedora. Se há muito em comum nos objetivos que ambas perseguem, há também alguns pontos distintos que podem gerar confusão.

Ainda sobre o ponto de vista histórico, no Brasil, o professor Ronald Degen foi o primeiro a introduzir um curso de empreendedorismo, com foco na criação de negócios, em 1981. A disciplina foi ministrada em um curso de especialização da Escola de Administração de Empresas de São Paulo da Fundação Getulio Vargas. O curso era oferecido no Curso de Especialização em Administração para Graduados (Ceag) e, mais tarde, tornou-se disciplina oferecida também na graduação, no mestrado, no doutorado e no MBA. A Fundação Getulio Vargas (FGV) hoje fomenta o ensino e a pesquisa da atividade empreendedora através do GVcenn (Centro de Empreendedorismo e Criação de Novos Negócios da FGV) – EAESP. Em 1984, a Universidade de São Paulo também iniciou curso sobre criação de empresas, discutindo sobretudo aquelas de base tecnológica. Cabe ressaltar ainda o programa da ONU, Empretec, introduzido no Brasil em 1991 e coordenado pelo Sebrae desde 1993. O programa apresentava um enfoque na atitude empreendedora, e não no ensino de instrumentos de gestão, sendo, nesse sentido, inovador.

Consideremos agora o ensino da administração no Brasil, pois foi dentro das escolas de administração que a ideia de formar empreendedores se desenvolveu, e, talvez, os conceitos e paradigmas presentes nessas escolas sejam ainda fontes de influência sobre os modelos propostos hoje.

O ensino da administração acompanha a evolução econômica brasileira e desenvolveu-se como ensino regular apenas após os anos 1930, com a intensificação do capitalismo da industrialização e das primeiras grandes empresas nacionais. Nesse momento, a administração era vinculada ao estudo da economia, tanto no Brasil como no mundo.

Foram as exigências de empresas cada vez mais complexas que tornaram o desenvolvimento da administração um campo de estudo separado. A separação efetiva ocorreu na década de 1950, quando se destaca a Fundação Getulio Vargas, especificamente a Escola de Administração de São Paulo, de 1954. O bacharelado em administração e a regulamentação da profissão ocorreram durante o regime militar e, nesse momento, o principal foco das universidades era preparar tecnocratas para as grandes empresas estatais e multinacionais, que se desenvolveram ou se instalaram no país na época. O conceito de preparar funcionários para carreiras em grandes empresas ainda está presente na maior parte das faculdades de administração. Além desse aspecto, se destaca também o fato de que o ensino da administração no Brasil quase sempre ocorreu por meio da importação de modelos aplicados em outros países (e discutidos para aquela realidade), com sua adaptação, com muito poucas propostas produzidas com base na realidade nacional. (Nicollini, 2000)

O resultado desse desenvolvimento histórico é perceptível para a maioria dos críticos do ensino universitário do século XXI. As universidades de administração (e várias outras) insistem em formar bacharéis que buscam um emprego em uma grande empresa,[2]

---

[2] Essa lógica dá sinais de naufrágio. O processo seletivo para *trainee* da AmBev de 2007 teve quase 26 mil candidatos, mas em seus 17 anos de existência o programa formou apenas 500 funcionários.

especializados em pedaços da organização e que dominam ferramentas gerenciais aprendidas de forma fragmentada mas que, em certa medida, são incapazes de pensar de forma holística, carentes da flexibilidade exigida nos dias atuais. Além disso, como influência da evolução mundial da administração em grandes empresas, as ferramentas ensinadas nos cursos regulares foram desenvolvidas para situações pouco comuns em pequenas e microempresas, aquelas nas quais atuam os empreendedores. Exemplificando, qual a utilidade de um Balanced ScoreCard, uma ferramenta americana feita para simplificar a vida dos gestores de multinacionais e integrar estrategicamente diversos níveis de uma grande empresa, para um pequeno empresário brasileiro?

Aparentemente, quando se discutem as ferramentas necessárias para o empreendedor, o foco está, principalmente, no ensino do plano de negócios e de conceitos gerenciais básicos, por exemplo, atender bem aos clientes ou ter uma noção de variações do fluxo de caixa. Ferramentas mais específicas para esse empreendedor, que não sejam a simplificação de algo bolado para uma grande empresa internacional, apenas agora começam a ser propostas, sem que um consenso sobre elas tenha se formado.

Além disso, a crítica de Andrade evidencia o problema da adaptação de modelos estrangeiros:

> O saber científico é alienígena. Os cursos e professores universitários, incluindo os de Administração Pública, aconselham-se em livros estrangeiros e repassam experiências burocráticas dos países do Primeiro Mundo. Investimos tempo e dinheiro "formando" administradores com pouca sintonia com a realidade de seu país, de seu povo, de sua sociedade. (Andrade, 1995, p. 72)

Nicolini (2000, p. 96) também acrescenta mais um aspecto problemático ao ensino de administração, que tem seus efeitos negativos numa proposta de ensino para os empreendedores. Trata-se da desagregação de conteúdos, ou seja, da tendência de as escolas de administração separarem as disciplinas de forma cartesiana, sem que uma área "converse" com a outra. Isso gera conteúdos repetidos, muitas vezes sem encadeamento e sem que os educandos atinjam uma visão integrada da organização. Esse fato reflete-se também nos cursos de empreendedorismo. Basta observar, por exemplo, que na imensa maioria das universidades em que há a preocupação com o tema, ele é ministrado de modo desconexo com as outras matérias, os professores de outras cadeiras (como finanças ou marketing) ignoram o que é ensinado nessas aulas e não fazem associações com o tema em suas matérias. A fragilidade é tamanha que a disciplina de criação de empresas (ou de empreendedorismo), mesmo sendo uma das mais procuradas na maioria dos cursos, é vista pela coordenação como uma disciplina optativa. As tentativas de implementar o empreendedorismo no nível universitário, de maneira mais ampla, esbarram nesse aspecto cultural. Esse tema também será tratado com mais detalhes em capítulo posterior.

Apesar de todas essas dificuldades, a educação empreendedora começa a se fortalecer e vem sendo discutida com maior seriedade ano a ano. Há razões para isso. O crescimento do ensino superior, que passou de aproximadamente 1,5 milhão de vagas na década de 1990 para quase 4,5 milhões em 2007, talvez seja o maior responsável por esse fato. O paradigma de formar mão de obra para grandes empresas está em crise, como exemplifica o processo de *trainee* da Gerdau: 20.600 inscritos, com uma relação de 104 candidatos por vaga em 2007. Como o diploma universitário já não é mais garantia de emprego e existe um excedente de vagas nas universidades privadas, os alunos podem, enfim, selecionar aquelas que acreditam que vão ajudá-los a "subir na vida". Entretanto, parte dos alunos formados não tem percebido a conquista de um diploma como sinônimo de sucesso profissional. Como consequência, as Instituições de Ensino Superior (IES) ficam pressionadas por encontrar soluções para os anseios do crescente número de formandos. O autoemprego aparece como uma resposta elementar. Entretanto, embora alguns percebam as vantagens de um programa de formação de fundadores de empresas, a cultura das universidades ainda é resistente a isso (pelas razões apresentadas antes), e o máximo que o grupo de professores preocupados com essa alternativa consegue, em muitos casos, é acrescentar ao currículo uma matéria, como se esta fosse o Santo Graal. A visão distorcida da sociedade brasileira sobre o empresário – "patrão que ficou rico explorando os pobres", que "ficou rico fazendo acertos com os poderosos", que "é desonesto e antiético" – tampouco auxilia esse processo. Além disso, a ideia bastante disseminada, e consequência da importação do modelo americano, que prega que um aluno aprende a ser um empreendedor se um professor o ensina a fazer um plano de negócios, também não ajuda. Assim, apesar de a educação empreendedora ser um assunto em processo de valorização, as resistências internas, a falta de uma cultura empreendedora e a pouca disposição em discuti-la de maneira mais ampla, atingindo não uma disciplina, mas todo o currículo universitário, ainda bloqueiam os principais efeitos positivos que dela podem advir.

É curioso perceber que, mesmo para aqueles que conseguirão um emprego em uma grande empresa, há vantagens em apresentar algumas atitudes do empreendedor. Algumas organizações têm estimulado o desenvolvimento de empreendedores coorporativos, pois a inovação é a principal fonte de diferencial competitivo no mundo globalizado. A inovação, entretanto, é notadamente mais bem-sucedida e implementada quando o autor da ideia é também o responsável por disseminá-la e conduzir o projeto adiante. Assim, a criatividade, dissociada de ação empreendedora, não basta. (Knight, 1987)

A essa altura, ciente da existência da educação para formação de empreendedores e das dificuldades sugeridas, resta fazer três perguntas simples: "É possível formar um empreendedor? O que se deve ensinar para este futuro empreendedor? Os empreendedores já não existem naturalmente na sociedade, por que perder tempo discutindo uma educação para empreendedores, se nem mesmo sabemos se há alguma vantagem em oferecer formação aos futuros empreendedores?"

Na realidade, há indícios de que a educação formal, mesmo aquela oferecida hoje, seja um estímulo ao empreendedor e a seu sucesso. Uma correlação entre educação formal e probabilidade de a pessoa tornar-se proprietária de empresas foi estabelecida por Kim, Aldrich e Keister (2003, p. 11). Os autores mostraram, ao menos para os Estados Unidos, que é de 1,5 até 2,3 vezes mais provável que alguém com educação superior tenha iniciado um negócio quando comparado com aqueles com educação colegial. Esse fato pode ser explicado porque essas pessoas estão mais bem preparadas para atuar no mundo dos negócios, porque elas estabeleceram contatos em melhor situação econômica no período da faculdade e porque, quase sempre, à melhor educação corresponde melhor nível socioeconômico familiar. Outros autores mostraram também que há maior probabilidade de um dono de negócios ser uma pessoa com o nível educacional mais elevado (Sexton D. L.; Bowman N. B, 1984). Esses fatos indicam que a educação pode, sim, auxiliar o empreendedor nascente e, portanto, é importante discutir "o quê" e "de que forma" o futuro empreendedor precisa aprender.

Ao buscarmos respostas para essas perguntas descobrimos que aqui também os educadores têm algo a dizer. Gardner, por exemplo, considera a inteligência linguística essencial para o mundo dos negócios:

> No mundo dos negócios, duas facetas da inteligência linguística são cruciais. Uma é encontrada no argumentador que consegue obter informações úteis pelo hábil questionamento e discussão com as pessoas; a outra é observada no retórico que consegue convencer os outros a seguir um curso de ação por meio de histórias, palestras ou exortações. Quando um amálgama de capacidades linguísticas se combina no mesmo indivíduo, ele provavelmente terá sucesso em diversos caminhos empresariais. (Gardner, 2005, p. 42)

Entretanto, raramente um currículo de educação empreendedora contempla o desenvolvimento dessas habilidades, o que, mais uma vez, indica a distância entre os educadores e as metodologias de ensino propostas. Não é sempre assim. Fernando Dolabela responde à pergunta "o que ensinar?" frisando que o mais importante não é o conteúdo, mas ensinar o futuro empreendedor a aprender, num processo ativo, em certa medida inspirado nas propostas da andragogia. Em sua proposta de autoaprendizado, existem pontos a destacar, como a transformação do professor em organizador e a utilização de donos de empresas como elementos-chave para "contagiar" os alunos com a cultura empreendedora. Seu enfoque principal está no aprendizado através dos processos de descoberta, sem respostas certas. (Dodabela, 1999) Há outros professores e educadores com diferentes propostas para o ensino do empreendedorismo, como veremos nos capítulos adiante. Há, além disso, diversas outras situações nas quais ocorre a educação empreendedora, e são essas experiências, longe das salas de aula, que parecem as mais enriquecedoras e produtivas. Mais uma vez, um dos pontos importantes a destacar nessa obra é a chamada da atenção para esses ambientes ricos de troca, que muitas vezes são ignorados pelos professores.

Em primeiro lugar podemos destacar as incubadoras de empresas. As incubadoras, nas quais as empresas nascentes compartilham uma estrutura de serviços com menos custos, costumam trabalhar com empresas de base tecnológica. Felizmente elas têm contato com as universidades, mas, de modo geral, apenas devido às áreas de pesquisa. Poucos são os professores que utilizam como recurso didático a ida até uma incubadora para conhecer a prática da inovação e as dificuldades de empreendedores novatos. Similar a esta é a situação dos parques tecnológicos, que também são visitados pelos professores no papel de pesquisadores mas quase nunca no papel de professores.

Existem também diversos eventos promovidos pelas IES com o intuito de desenvolver o empreendedorismo, bem como eventos promovidos por órgãos de fomento, associações ou prefeituras e governos.

Destacam-se, por exemplo, a Feira do Jovem Empreendedor de São José dos Campos, organizada pela prefeitura local, as feiras de franquias promovidas pela Associação Brasileira de Franchise e as Feiras do Empreendedor, realizadas pelo Sebrae em todo o país. Além disso, há muitos centros de empreendedorismo dentro das universidades, como o Centro Minerva da Universidade de São Paulo ou o Centro de Empreendedorismo do INSPER, que promovem cursos, palestras e outros eventos. O Instituto Empreender Endeavor Brasil organiza também eventos e ainda apresenta uma videoteca com empreendedores.

Há ainda situações que seriam perfeitas para parcerias de ensino com empreendedores, como os arranjos produtivos, as cooperativas e as pequenas associações de produtores. Mesmo organizações do terceiro setor têm atuado na produção do que se convencionou chamar de empreendedor social. Por exemplo, em Santos, o Instituto Elos atua levando jovens universitários do mundo todo para produzir mudanças em ambientes degradados em conjunto com as comunidades locais. Mais uma vez, uma parte significativa dos professores prefere manter-se na sala de aula do que buscar contato com esses grupos. Se essa é a situação no ensino superior, no ensino fundamental há ainda menos preocupação com estabelecer esse tipo de contato ou levar esse tipo de experiência para a lousa.

Enfim, um último ponto a ser levantado sobre o que não pode deixar de existir nos programas de educar empreendedores são padrões éticos e morais. Uma pessoa que seja responsável pela formação de um esquema de distribuição de drogas pode ter as atitudes necessárias para classificá-lo como um empreendedor de muito sucesso, mas, com certeza, qualquer professor saberá que algo deu errado em sua formação.

REFERÊNCIAS

ANDRADE, R. O. B. de. “O ensino de administração pública: histórico e diagnóstico”. 1995. Dissertação (Mestrado) – Escola Brasileira de Administração Pública, Fundação Getulio Vargas.

BERTERO, C. O. "A docência numa universidade em mudança". *Cadernos Ebape*, v. 5, edição especial, 2007.

CALDERÓN, A. I. "Repensando o papel da universidade". *Revista de Administração de Empresas*, v. 44, n. 2, p. 104-108, 2004.

CHAUÍ, M. A universidade pública sob nova perspectiva. *Revista Brasileira de Educação*, n. 24. Rio de Janeiro: ANPED, set/dez 2003.

DE AQUINO, C. T. E. *Como aprender: andragogia e habilidades de aprendizagem*. 1ª ed. São Paulo: Person Prentice Hall, 2007.

DOLABELA, F. *Oficina do empreendedor*. 6ª ed. São Paulo: Ed. Cultura, 1999.

GARDNER, H. *Mentes que mudam: A arte e a ciência de mudar as nossas ideias e as dos outros*. Porto Alegre: Artmed/Bookman, 2005.

KATZ J. A. "The chronology and intellectual trajectory of American entrepreneurship education 1876–1999". *Journal of Business Venturing*. St. Louis, v. 18, p. 283-300, 2003.

KIM, P. H.; ALDRICH, H. E.; KEISTER, L. A. "If I Were Rich? Financial and human capital's impact on becoming a nascent entrepreneur". In: ANNUAL MEETING OF THE AMERICAN SOCIOLOGICAL ASSOCIATION, 2003. Atlanta, GA. Disponível em http://www.allacademic.com/meta/p107958_index.html. Acesso em: abril 2008.

KNIGHT R. M. "Corporate innovation and entrepreneurship: a Canadian study". *Journal of Product Innovation Management*, , v. 4, n. 4, p. 284-297, 1987.

LÉDA, D. B. Universidade nova/Plano de reestruturação e expansão das universidades federais: mais uma dose da reforma universitária? In: 30ª REUNIÃO ANUAL DA ANPED, Caxambu:UFMA/Uerj, 2007.

NICOLINI, A. M. *A graduação em administração no Brasil:* uma análise das políticas públicas. 2000. Dissertação (Mestrado) – Escola Brasileira de Administração Pública, Fundação Getulio Vargas, 2000.

NICOLINI, A. M. Qual será o futuro das fábricas de administradores. *Revista de Administração de Empresas*, v. 43, n. 2, p. 44-54, 2003.

PERRENOUD, P. *A escola e a mudança. Contributos sociológicos,* Lisboa: Escolar Editora, 1994.

PIAGET, J. *Psicologia e pedagogia.* Rio de Janeiro: Forense Universitária, 2003.

SEXTON, D. L. e BOWMAN, N. B. Entrepreneurship education: Suggestions for increasing effectiveness. *Journal of Small Business Management.* ABI/INFORM Global, vol. 22, p. 18, 1984.

SCHUMPETER, J. A. *A teoria do desenvolvimento econômico*: uma investigação sobre lucros, capital, crédito, juro e o ciclo econômico. São Paulo: Abril Cultural, 1982.

CAPÍTULO 2

Referenciais para a educação empreendedora

ROSE MARY ALMEIDA LOPES

INTRODUÇÃO: EMPREENDEDORISMO E EDUCAÇÃO

No contexto da sociedade moderna e do conhecimento, percebeu-se a introdução de novos termos como empreendedor, empreendedorismo, administração e economia empreendedora. Peter Drucker (1986) teria cunhado o anglicismo "entrepreneurship" – empreendedorismo – para denominar esse novo arranjo dos agentes econômicos que reformulou o papel exercido pelos tradicionais agentes da sociedade industrial. Assim, a partir dos anos 1970/1980, quando a geração de novos postos de trabalho deveu-se mais à vitalidade das pequenas e médias empresas, a figura do empreendedor passou a ocupar o centro dos debates sobre como fomentar o desenvolvimento econômico dos países.

Proporcionalmente diminui a ênfase e a dependência das economias das grandes empresas e cada vez mais nota-se um vibrante segmento de novas iniciativas levadas a cabo pelos empreendedores que ajudam no processo de renovação e de introdução de inovações tecnológicas, além de agregar pessoas ao mercado de trabalho, participar de exportações e gerar desenvolvimento econômico. (Kuratko, 2005) O projeto de pesquisa Global Entrepreneurship Monitor

(GEM), que envolve cerca de 50 países, incluindo o Brasil, revela que o nível de atividade empreendedora do país se correlaciona de fato com a riqueza gerada e medida pelo PIB.

Essa preocupação com o empreendedorismo e a administração empreendedora traz uma perspectiva que transcende a das áreas funcionais de um negócio e obriga a um exame mais abrangente e integral tanto do empreendedor que cria e transforma organizações quanto da própria sociedade.

Assim, um novo corpo de conhecimento e de produção acadêmica formou-se e lutou para conquistar legitimidade e credibilidade, sobretudo a partir dos anos 1980 nos Estados Unidos e um pouco depois, na União Europeia (UE) e no Brasil.

Muitos fatores contribuem para o surgimento do empreendedor: personalidade, família, etnia, cultura, religião, exposição a negócios, modelos, experiência de trabalho. Destacam-se também as influências da educação e do treinamento que contribuem para encorajar o empreendedorismo, ao desenvolver atitudes, conhecimentos e habilidades, além da conscientização sobre as possibilidades de carreira de empreendedor. Estabelecer um negócio, uma organização, demanda muita iniciativa, energia, criatividade e persistência. Para desenvolver e fazer crescer essa iniciativa, exige-se que, aos poucos, o empreendedor seja capaz de geri-la, o que demanda diversas habilidades gerenciais para garantir os resultados com confiabilidade e eficácia. (Green Paper on Entrepreneurship, 2003)

Portanto, desde cedo, as habilidades pessoais relacionadas com o empreendedorismo devem ser enfocadas pelas escolas e mantidas até o nível superior.

Interessa aos países incentivar a cultura empreendora, e nesse sentido as instituições de ensino de todos os níveis se fizeram presentes para difundi-la, educando e treinando tanto potenciais empreendedores quanto os já em exercício. Hoje já se tem muita experiência acumulada, tanto internacional quanto nacionalmente, com a Educação Empreendedora (EE).

No entanto, percebe-se que há necessidade de analisar melhor o que é a EE. Afinal, o empreendedorismo pode ser ensinado/aprendido? De que forma? O que ensinar? Percebe-se que essas dúvidas ainda permanecem, a despeito de serem frequentemente formuladas, e que se carece de um quadro referencial para guiar nossas decisões e ações nessa área.

Então, neste capítulo, analisaremos, conceituaremos e discutiremos o que é Educação Empreendedora (EE), recorrendo a especialistas de países que têm se destacado nesse assunto ou se preocupado com ele, como os Estados Unidos e os integrantes da União Europeia (UE). Focaliza-se o que é recomendado para as escolas, particularmente as Instituições de Ensino Superior (IES), destacando-se modelos, práticas e padrões de EE. Ao final, serão apresentadas algumas conclusões e recomendações.

Espera-se, com isso, contribuir para o aprofundamento do debate, o desenvolvimento de uma postura crítica e o aprimoramento das propostas e dos programas de EE.

1. SERIA POSSÍVEL ENSINAR A SER EMPREENDEDOR?

Os especialistas já debateram muito sobre esse tema, e houve época em que as opiniões se dividiam em duas posições: os empreendedores nascem "prontos" ou poderiam ser "feitos". A adoção de uma ou outra posição traz muitas implicações práticas, sobretudo para os políticos e especialistas das agências de desenvolvimento sobre qual seria a melhor forma de facilitar o desenvolvimento econômico de países subdesenvolvidos: através da melhoria na estrutura das oportunidades ou através de ações diretas sobre o homem, de tal forma a modificar seu comportamento diante da estrutura de oportunidades?

Drucker advogava que o empreendedorismo é uma disciplina que pode ser aprendida (1985). Mas que evidências temos disso?

O relatório da Conferência de Oslo (Comissão Europeia, 2006) retrata que ainda existe uma falta de cultura de avaliação de impacto das iniciativas de educação empreendedora. Sabe-se que os indicadores de impacto são muito difíceis de coletar, pois, muitas vezes, os resultados das iniciativas somente ocorrem muito tempo depois. Assim, é mais fácil medir quão favoráveis os alunos se tornaram diante da opção de carreira de empreendedorismo. Entretanto, o desafio é relacionar de fato essa atitude à decisão futura de iniciar um negócio ou se juntar a ele.

Mesmo medidores, como o número de empresas criadas, dependeriam de um acompanhamento longitudinal. Mas, até quantos anos depois os resultados seriam considerados como efeitos das intervenções da EE? E, como separar esse efeito dos provocados por outros fatores? Vale dizer que essas dificuldades também ocorrem com o ensino de outras disciplinas.

Todavia, a despeito das dificuldades, encontram-se alguns estudos interessantes, exemplificados a seguir. Segundo o relatório da UE (Green Paper on Entrepreneurship, 2003), a amostragem por domicílios na Inglaterra revelou que as pessoas que tiveram a oportunidade de serem expostas ao empreendedorismo através da família, dos amigos ou da educação mostravam-se mais inclinadas a considerar com seriedade a possibilidade de iniciar um negócio próprio. O mesmo documento indica que o sistema educacional pode contribuir para a promoção do empreendedorismo, provendo a exposição e desenvolvendo as habilidades necessárias para essa carreira.

Em 2007, o Instituto de Pesquisa do Nordeste da Noruega conduziu um estudo entre os ex-alunos do programa de empresas da Junior Achievement – Young Enterprise (JA-YE). Nesse mesmo ano, o número de alunos de 14 a 18 anos que desenvolveram uma empresa sob a supervisão de professores e conselheiros, durante 12 a 30 semanas, atingiu 193.376 em 35 países europeus. A amostra desse estudo abrangeu 1.238 ex-participantes de sete países: Noruega, Dinamarca, Finlândia, Bélgica, Estônia, Eslovênia e Romênia. A média de idade foi de 24 anos, assim, a maioria ainda estava cursando faculdades, já terminara o bacharelado ou estaria no nível de mestrado (segundo o acordo de Bolonha, os programas das IES da Europa seguem o seguinte padrão: os três primeiros anos concedem o diploma de bacharel e os dois seguintes, de mestrado).

Os principais resultados encontrados foram:

- o nível de atividade empreendedora – de 15% entre os ex-participantes de 20 a 29 anos – é mais do que o dobro da média da população geral europeia (5% a 6%), o que revela um impacto positivo de longo prazo, pois acresce cerca de 9% à taxa de criação de novos negócios;
- entre os que já haviam iniciado seu negócio, 85% ainda estavam dirigindo sua empresa;
- mais de 35% planejavam abrir o próprio negócio nos próximos três anos;
- a maioria achou que o programa ajudou a desenvolver as habilidades empreendedoras, sobretudo trabalhar em equipe, resolver problemas, tomar decisões e pensar visando o sucesso econômico;
- 55% dos ex-alunos percebem maior capacidade de dirigir um negócio e 44% tiveram ampliada a vontade de estabelecer seu negócio.

Mesmo que tais resultados sejam alentadores, devemos reconhecer que as escolas, as IES, as incubadoras, os parques tecnológicos e os concursos de planos de negócios apontam, com frequência, para dados testemunhais (qualitativos) ou dados quantitativos simples como indicadores do sucesso de seus programas e metodologias. Assim, muito há que ser feito ainda no que se refere a estudos de impacto.

Ainda assim, os inúmeros profissionais e instituições que participam do Consórcio para a Educação Empreendedora (Consortium for Entrepreneurship Education, 2004), criado pelo professor Albert Shapiro (Universidade Estadual de Ohio), compartilham a sua visão de que a atitude e o comportamento empreendedor resultam de um longo processo de aprendizagem durante toda a vida do indivíduo. Enfatizam ser necessário incentivar e desenvolver, desde muito cedo, todas as atitudes, posturas de habilidades empreendedoras, e para isso é importante uma continuidade em todos os níveis – desde a escola fundamental até a superior.

Os especialistas europeus concordam e reconhecem que a escola pode incentivar o desenvolvimento das habilidades empreendedoras entre os alunos, desde cedo. Indicam ainda que se devem desenvolver as habilidades técnicas e de negócios entre aqueles que preferirem ter seu autoemprego ou criar o próprio negócio, no presente ou no futuro.

Portanto, a pergunta sobre a possibilidade de ensinar alguém a ser empreendedor hoje desperta menos polêmica. O foco se deslocou mais para: como é possível educar/treinar, qual o conteúdo mais adequado e segundo que metodologia e técnicas.

2. A NATUREZA DA APRENDIZAGEM E EDUCAÇÃO EMPREENDEDORAS

Pode-se ampliar essa discussão sobre a EE recuando-se um pouco. Afinal, sabe-se como os empreendedores aprendem? Como a capacidade empreendedora se desenvolve? E como potencializar e facilitar essas aprendizagens? A rigor, as respostas a tais questões permitiriam indicar como formatar situações condutoras à aprendizagem, à educação de indivíduos para o empreendedorismo.

De acordo com especialistas do projeto Entlearn, composto por pessoas de diferentes países (Heinonen e Akola, 2007), a aprendizagem empreendedora seria:

> Um processo dinâmico de conscientização, reflexão, associação e aplicação que envolve transformar a experiência e o conhecimento em resultados aprendidos e funcionais. Compreende conhecimento, comportamento e aprendizagem afetivo-emocional. (Cope, 2005, citado por Heinonen e Akola, 2007)

Nota-se que essa definição aborda o conteúdo e o processo pelo qual se aprende, bem como o contexto que também afeta a aprendizagem do indivíduo, do grupo e da organização. Esse processo é estreitamente conectado com o processo de criatividade, inovação, identificação e aproveitamento de oportunidades.

Entretanto, os especialistas do Entlearn não encontraram estudos que abordassem como os empreendedores aprendem. As discussões sobre pedagogia, método, técnica de educação ou programa de treinamento para (potenciais) empreendedores parecem partir de premissas acerca de como os empreendedores aprendem. A análise da literatura evidenciou que a EE necessariamente inclui aspectos mais técnicos – "ciência" –, competências, habilidades relativas às funções de gerenciamento e passíveis de serem ensinados por meios tradicionais. E complementados por outras formas de suporte: conselheiros e mentores, e mesmo relacionamentos para prover meios de adquirir experiência através da rede de contatos, facilitando as formas indiretas de aprendizagem.

Entretanto, analisando-se ainda que brevemente a natureza da atividade empreendedora, percebe-se que os empreendedores, além de lançar mão de processos analíticos e racionais de pensamento (que embasam a análise de oportunidade, o planejamento formal e a busca e aquisição de recursos), parecem fazer uso de outro processo – mais holístico, contextual, que inspiraria a visão bastante enfatizada por Jacques Fillion (pesquisador canadense). Esse processo da intuição – palpites, sentimentos sobre a potencialidade do negócio, visão expandida de recursos inexplorados –, que abrevia o processo de tomada de decisão através de um processamento rápido, poderia ocorrer antes mesmo da decisão racional da ação (por exemplo, Parikh et al. 2000, citado por Lopes, 2004).

Muitos autores concordam que os empreendedores operam

> em altos níveis de incerteza, com falta de dados mais objetivos/sólidos e, frequentemente, necessitam decidir pressionados pelo tempo... Empreendedores de sucesso necessitam sintetizar in-

> formação, integrar os diversos *inputs* ao mesmo tempo e captar a grande imagem. (Allinson et al. 2000, citado por Lopes, 2004)

Assim, pelos dois processos, o empreendedor estaria instrumentalizado para lidar com a complexidade, a incerteza e a necessidade de aproveitar a oportunidade antes que ela deixe de existir.

Esses pontos já permitem antecipar os desafios esperados para criar ambientes e processos de ensino que permitam desenvolver habilidades e competências tão complexas quanto as mencionadas, pois demandam misturar conhecimentos e habilidades de caráter mais técnicos e outros que tocam em habilidades e formas de conhecimento não facilmente sistematizáveis – ou seja, "arte".

Portanto, o desafio reside em como estimular, desenvolver e fomentar o pensamento criativo e inovador, dado que não se equaciona facilmente como ensiná-lo/inseri-lo no contexto da educação/treinamento. Trata-se de estimular formas novas de pensar e de experimentar o caminho da criação e da inovação. Esse aspecto "arte" é desafiado e fortalecido na própria experiência prática, no contexto e no ambiente de negócios, ao interagir com os problemas, as situações e as pessoas. Então, como induzir esse tipo de aprendizagem no contexto educacional ou de treinamento?

Mas, antes de desenvolver essa questão, convém ainda esclarecer os diferentes objetivos e níveis de educação ou treinamento de empreendedores.

2.1. Objetivos da educação empreendedora

Os aspectos a seguir demonstram quão amplos e distintos podem ser esses objetivos (Rabbior, 1990 em Guimarães, 2002):

- Conscientizar a respeito do empreendedorismo e da carreira empreendedora, lançando sementes para o futuro.

- Influenciar/desenvolver atitudes, habilidades e comportamentos empreendedores.
- Desenvolver qualidades pessoais relacionadas às competências necessárias para o mundo moderno: criatividade, assumir risco e assumir responsabilidade.
- Incentivar e desenvolver empreendedores.
- Estimular a criação de negócios/novas iniciativas. Apoiar o desenvolvimento destas.
- Gerar empregos.
- Desenvolver conhecimentos, técnicas e habilidades focados no mundo dos negócios e necessários para a criação de uma empresa.
- Auxiliar empreendedores e empresas, através de conhecimento e ferramentas, a melhorar sua competitividade.

Grosso modo, pode-se perceber que essa educação pode enfocar a formação do indivíduo ou focar naquele que se interessa por uma oportunidade e que estaria numa fase anterior à criação de um negócio; pode, ainda, voltar-se para os que já estariam na fase de criação de um empreendimento e, até mesmo, para aqueles que estão em fases posteriores à criação e que estão preocupados com as estratégias para permanecer ativo ou expandir o negócio.

Nesse ponto, parece útil e esclarecedora a categorização utilizada pelo projeto Entlearn, baseada em Hytti e O'Gorman, 2004, com quatro tipos de objetivo:

Tabela 1 Objetivos da educação empreendedora

Objetivos
1. Aprender sobre empreendedorismo
2. Aprender a comportar-se de forma empreendedora (foco no indivíduo)
3. Aprender a se tornar empreendedor (foco no negócio)
4. Outros

Fonte: Adaptada pela autora de Entlearn (2007), Tabela 4, p. 42.

Fica claro que esses diversos objetivos focalizam diferentes públicos-alvo, com necessidades diferentes de aprendizagem. Certamente os desafios que enfrentam aqueles que iniciam negócios são diversos dos que estão em fase de fazer crescer/estabilizar suas empresas (que focam em como lidar com elas/gerenciá-las). Guimarães (2002, p. 117) menciona que Wyckham (1989) alertava haver metodologias mais indicadas e apropriadas, dependendo da fase em que se encontrava o indivíduo alvo da EE. Assim, conhecimento mais teórico é necesssário para aprender especificamente sobre empresas e negócios e a se conscientizar sobre a opção da carreira empreendedora. Para desenvolver e fortalecer os comportamentos típicos e críticos dos empreendedores, outras metodologias são necessárias, o que discute-se nas seções a seguir.

2.2. Abrangência e definição de educação empreendedora

Especialistas da União Europeia e dos Estados Unidos entendem que a atuação empreendedora demanda atitudes e habilidades aprendidas de forma sistemática. Assim, o conceito de EE abrange todos os níveis educacionais, incluindo tanto a concepção mais ampla segundo a qual o ensino promove o desenvolvimento de atitudes e de habilidades que não são diretamente relacionadas à criação de novos negócios, quanto uma concepção mais restrita e que focaliza a criação de um negócio.

Segundo especialistas americanos do Consórcio para a Educação Empreendedora (Consortium for Entrepreneurship Education, 2004), a EE pode ter vários significados, dependendo dos níveis educacionais ou, se for o caso, de escolas vocacionais. Em cada nível esperam-se resultados diferentes: os alunos vão ampliando o repertório de conhecimento, comportamento e habilidade, alicerçando-os sobre os já construídos, segundo um processo de desenvolvimento e também de maturação. Todavia, para a EE, "o objetivo geral permanece o de desenvolver a especialidade/perícia do empreendedor". Com o que concordam os especialistas europeus (Melhores Práticas na UE, 2002, p. 15), quando afirmam: "Ensino e aprendizagem de empreendedorismo envolvem o desenvolvimento de conhecimento, habilidades, atitudes e qualidades pessoais apropriadas à idade e ao desenvolvimento dos alunos."

Assim, é claro que os objetivos variam em função da faixa etária dos estudantes. Para ilustrar, o relatório da União Europeia (2002), recomenda para as IES que estas desenvolvam as habilidades e técnicas para a identificação e avaliação de *oportunidades de negócios*, focalizando o desenvolvimento de um *plano de negócios real,* bem como *a criação e o gerenciamento de um negócio*. Reconhecem que é papel das IES viabilizar a implementação de projetos bem analisados e fundamentados, através de orientação, consultoria, empréstimos especiais e facilidades para o negócio. Assim, elas dariam suporte para ideias, desde seu embrião até, pelo menos, a etapa de nascimento desses negócios e sua colocação no mercado.

Entretanto, até agora não se abordou o que de fato seja a diferença entre a EE de outras áreas de educação, ponto que será desenvolvido a seguir.

2.3. O que faz a educação empreendedora ser diferente de outras formas/áreas de educação?

Ronstadt, professor do Babson College, em 1985, já abordava as diretrizes e o enfoque para essa área de educação. Ele defendia pontos como:

- o potencial empreendedor pode ser avaliado;
- o empreendedorismo é uma carreira composta de múltiplas oportunidades de negócios;

- a elaboração do Plano de Negócios leva muito tempo e não se adéqua a boa parte dos negócios, portanto devia-se focar na elaboração de estudo de viabilidade criativo;
- os palestrantes convidados devem ser um complemento do curso, e não sua parte majoritária;
- a valorização dos aspectos éticos no novo negócio;
- o sucesso na criação de empresas é função não apenas de conhecimento e habilidades, mas, também, da rede de contatos – quem o empreendedor conhece.

Fillion (1999) tambén destaca que a EE é diferente do processo de ensino tradicional por se calcar mais na atividade do próprio aluno, numa forma mais experiencial, mais prática e contextualizada no mundo real e que prepara o indivíduo para lidar com as incertezas, a falta de recursos e a indiferenciação típica do início de uma organização/iniciativa. E que incentiva a imaginação e a análise.

Segue-se que a EE tem a ver com as competências apontadas pela parceria entre negócios e instituições de ensino americanas denominada Habilidades para o Século XXI (21st Century Skills). Esta defende que, sobre a base de disciplinas centrais e temas do século XXI, se desenvolveriam habilidades de aprendizagem e de inovação, habilidade de informação, meios de comunicação e tecnologia e habilidade para a vida e a carreira. Dessa forma, incluiria os outros 3 Rs que Robert Sternberg (da Tufts University) adicionou: Raciocínio, Resiliência (conceito tratado no Capítulo 3) e Responsabilidade.

Então, mais importantes do que o conteúdo das disciplinas serão as possibilidades de experiência oferecidas ao aluno engajado no próprio desenvolvimento. Para atingir os objetivos dessa educação, é muito importante envolver e capacitar os professores para a adoção do enfoque do empreendedorismo no desenvolvimento de todos os cursos e disciplinas constantes no currículo. Para isso necessitam de informações, metodologia e assessoria.

Katz (2007) marca a distinção da EE e a educação nas áreas de Administração, Estratégia e Economia através de quatro ênfases:

1. A criação de um negócio concebida como o objetivo perseguido pelos indivíduos.
2. A oportunidade é concebida como um processo – de identificação e exploração – que pode ser administrado, o que permitiu que novos modelos pedagógicos fossem criados.
3. O empreendedor administra o risco, procurando riscos moderados (McClelland, 1961; também confirmado por outros pesquisadores).
4. A diferenciação entre pequenos negócios e negócios empreendedores: muitos pesquisadores revelam a distinção entre pequenos negócios para obtenção de renda e outros com grandes perspectivas de crescimento.

Qual seja, esses conceitos são abordados de forma distintiva na educação e no treinamento para o empreendedorismo.

2.3.1. Metodologias

Assim, essa educação enfatiza o uso intenso de metodologias de ensino que permitam *aprender fazendo* e se caracteriza por isso, pois o indivíduo se defronta com eventos críticos que o forçam a pensar de maneira diferente, buscando saídas e alternativas, ou seja, aprendendo com a experiência, com o processo. Daí que se relaciona com a *aprendizagem experiencial* de David A. Kolb. Correlaciona-se ainda com pedagogias como: *Aprendizagem pela Ação; Aprendizagem Contextual* (processo de construir o significado com base na interação social e na experiência); *Aprendizagem Centrada em Problemas* e *Aprendizagem Cooperativa* (trabalhar em grupos heterogêneos exercitando a comunicação, liderança, coesão de equipe etc.).

Desse modo, fica clara a ênfase na ligação entre o mundo real e esse tipo de ensino, que usa recursos, estratégias e contexto com os quais os participantes se defrontarão ou já se defrontam na vida adulta, criando, então, uma aprendizagem significativa. Portanto, a

EE reforça os vínculos com a comunidade, com os empreendedores e seus negócios, com os arranjos produtivos e todos os que possam ser fontes de informação e de recursos. Aliás, essa vinculação é um dos aspectos desempenhados pelos centros de empreendedorismo das universidades, como no caso do Centro de Empreendedorismo do INSPER ou do Centro de Empreendedorismo e Novos Negócios da Fundação Getulio Vargas–SP (GVCenn).

Convém lembrar que a EE faz uso da tecnologia mais adequada e apropriada aos objetivos e às atividades educacionais, o que significa tirar o melhor proveito das técnicas tradicionais, bem como das modernas. Assim, as escolas e as IES devem utilizar, sempre que possível, experiências que permitam que os alunos aprendam fazendo, disponibilizar amplamente os recursos das IES, aproximando-os o mais possível do mundo dos negócios, e estimular de fato o exercício de criação e geração de negócios, nem que seja por um prazo determinado.

Isso denota a importância dos métodos e das técnicas pedagógicas para a educação empreendedora. Não é à toa que a Associação Americana de Pequenos Negócios e Empreendedorismo (United States Association for Small Business & Entrepreneurship – Usasbe) instituiu, entre as sete categorias diferentes de prêmios atribuídos todos os anos, uma para destacar a pedagogia inovadora e outra para cursos inovadores. Também o Global Consortium of Entrepreneurship Centers (GCEC), em sua conferência anual, confere cinco prêmios, entre os quais um de Excelência em Ensino de Empreendedorismo e Inovação Pedagógica e outro de Atividades Excepcionais de Transversalidade em Empreendedorismo.

Na França, há um Observatório de Práticas Pedagógicas em Empreendedorismo (Oppe), criado em 2001, que segue as práticas nas escolas de ensino médio e superior e que passou a promover conferências anuais. Em 2006, houve entrega de prêmios para os melhores do concurso nacional de práticas pedagógicas (a Journée Oppe 2006 foi em Nantes).

Não vamos abordar neste capítulo as diferentes técnicas educacionais, visto que o serão em outros capítulos.

Apresentam-se, na sequência, alguns referenciais importantes da EE nos Estados Unidos e na União Europeia.

3. EDUCAÇÃO PARA O EMPREENDEDORISMO NOS ESTADOS UNIDOS E NA UNIÃO EUROPEIA

3.1 Histórico da EE nos Estados Unidos

Os Estados Unidos parece ter sido o primeiro país em que as primeiras iniciativas importantes de educação e treinamento para o empreendedorismo foram tomadas. Katz (2007) sinaliza que o protótipo dessa educação teriam sido as experiências, desde 1876, relativas à área de desenvolvimento econômico agrícola (na Suíça também houve um pioneirismo desse desenvolvimento), através do que hoje é batizado de Extensão Agrícola. Esse serviço foi modelo para a Small Business Administration (SBA) e outros institutos e centros com funções similares.

Focalizando a educação superior, há mais de 80 anos, as universidades de Harvard (em 1947) e de Michigan parecem ter sido as primeiras a oferecer programas de educação empreendedora. Esta, nesse país, se beneficiou bastante da passagem do Ato Bayh-Dole, em 1980, que incentivou as universidades a patentear e explorar avanços científicos e tecnológicos, chamando a atenção para a exploração comercial desses conbecimentos pela sociedade e pelos próprios membros. A partir daí, aumentou muito a atividade empreendedora nas universidades americanas, que passaram a fomentar a transferência de tecnologia e a produtividade dos escritórios dedicados a ela; ambiente e redes de inovação; e também a criação de empresas e pesquisas em empreendedorismo (Katz, 2007).

Por volta de 2004, Kuratko (2005) contabilizou mais de 1.600 IES que ofertavam mais de 2.200 cursos, com 277 a 300 cadeiras patrocinadas e mais de cem centros de empreendedorismo.

Estimava-se que o aporte de dinheiro em fundos de apoio para as disciplinas de empreendedorismo já excedera US$440 milhões, 75% deste montante de 1987 até cerca de 2003. Vale destacar este ponto: a maior vinculação com a comunidade resulta também em fundos e verbas para a IES.

Nos anos 1970, o empreendedorismo era oferecido como área de concentração nos cursos de graduação e como especialidade em MBA. Mais tarde, surgiram programas de mestrado e doutorado que preparavam professores e pesquisadores na área.

A área de empreendedorismo ganhou legitimidade acadêmica com a publicação de mais de 44 jornais acadêmicos e até mesmo daqueles voltados para a EE, como o *International Journal of Entrepreneurship Education*, ou números especiais, como o de julho de 2005, do *Entrepreneurship Theory and Practice.*

O empreendedorismo é o foco de diversas conferências, e algumas delas enfocam a EE: a Internationalizing Entrepreneurship Education and Training Conference – IntEnt, iniciativa do professor Heinz Klandt (Foerderkreis Gruendungs-Forschung e V. Entrepreneurship Research, Alemanha), e a conferência promovida pela Usasbe, que premia todos os anos professores, programas de empreendedorismo nos níveis de graduação, MBA e de doutorado e que passam a servir como modelos nacionais.

Vamos abordar agora tanto o modelo de aprendizagem contínua quanto os padrões nacionais de conteúdo propostos por especialistas americanos, visto que fornecem um quadro teórico para pensarmos criticamente sobre a EE.

3.2 Modelo de aprendizagem contínua (Estados Unidos)

Nesse ponto, convém esclarecer o modelo de aprendizagem contínua apresentado pelo Consórcio a que nos referimos antes. Segundo esse modelo, para que um indivíduo abra um negócio e nele prospere, atravessa cinco *estágios sucessivos,* que vão integrando desde o nível de conhecimento e habilidades básicas até o nível de crescimento, *mesclando-se, em diferentes proporções, as aprendizagens favorecidas pela educação, pelo treinamento ocupacional e pela própria experiência de trabalho.* São eles:

Estágio 1: Básico
Estágio 2: Conscientização das Competências
Estágio 3: Aplicações Criativas

Os dois estágios seguintes são crescentemente mais influenciados pela própria experiência de trabalho e de empreender:

Estágio 4: Abertura de um Negócio
Estágio 5: Crescimento

Examinando-se esses estágios, percebe-se que as instituições de ensino podem contribuir, pelo menos, até o estágio 4, se estimularem e incentivarem o empreendedorismo como uma possibilidade de carreira, ajudarem a desenvolver nos alunos a competência de atuar de forma independente e autônoma e apoiarem a identificação e exploração de oportunidade, através da formulação de um negócio.

3.3 Padrões nacionais de conteúdo de EE (Estados Unidos)

Recentemente, o Consórcio para a EE propôs padrões nacionais de conteúdo para todos os níveis de educação, que resultaram da agregação de informações de diversas fontes: ampla revisão de literatura, discussão enfocada com grupo de empreendedores, participação de todos os interessados na educação empreendedora, conhecimento especializado do Centro de Recursos para a Educação em Marketing e também do Conselho Nacional Empreendedor (National Entrepreneur Advisory Council).

Tais padrões pretendem ser um amplo quadro referencial para o desenvolvimento dos currículos dos diversos níveis educacionais, indicando os conteúdos, bem como o contexto para a EE.

Os 15 padrões se assentam sobre as habilidades acadêmicas mais básicas e estão subdivididos em três seções:

1. Habilidades empreendedoras
2. Habilidades relativas à prontidão para o empreendedorismo
3. Funções de negócios

1. Habilidades empreendedoras

Envolvem o entendimento dos conceitos e processos associados com o desempenho de sucesso do empreendedor na criação e gerenciamento do negócio. Os padrões dessa seção abrangem: a) Processos Empreendedores e b) Traços e Comportamentos Empreendedores.

2. Habilidades relativas à prontidão para o empreendedorismo

Referem-se ao conhecimento básico sobre negócios e habilidades que são pré ou correquisitos para se tornar um empreendedor de sucesso. Oferece a oportunidade curricular de desenvolvimento de habilidades que permitirão ao indivíduo operar na competição com o mundo e um contexto para as experiências relacionadas com ser um empreendedor. Os padrões dessa seção abarcam: c) Fundamentos de Negócios; d) Habilidades Interpessoais e de Comunicação; e) Habilidades Digitais; f) Economia; g) Administração Financeira Pessoal e h) Desenvolvimento profissional.

3. Funções de negócios

São as atividades de negócios desempenhadas pelos empreendedores no efetivo gerenciamento do negócio. Fornecem as condições para desenvolver e apurar as habilidades cotidianas essenciais para o sucesso de qualquer negócio, seja ele pequeno ou uma corporação em rápido crescimento. Também provê a experiência que permite que (futuros) empreendedores percebam e criem oportunidades empreendedoras. Envolvem os seguintes padrões: i) Gestão Financeira; j) Gestão de Recursos Humanos; k) Gestão da Informação; l) Gestão de Marketing; m) Gestão de Operação; n) Gestão do Risco e o) Gestão Estratégica.

A seguir, os especialistas desse consórcio detalharam todas essas competências nos respectivos conhecimento, habilidades, atitudes e/ou comportamentos. Exemplificando, os a) Processos Empreendedores envolvem 38 padrões e os b) Traços e Comportamentos Empreendedores, 28.

Analisando-se o detalhamento das competências, nota-se que as faculdades de Negócios, Administração e Economia podem contribuir para desenvolver e fortalecer algumas das habilidades relativas à *Prontidão para o Empreendedorismo*, excetuando-se, de forma geral, as relativas a d) Habilidades Interpessoais e de Comunicação (que abarcam desde habilidades básicas de comunicação até lidar com conflito), g) Administração Financeira Pessoal e h) Desenvolvimento Profissional (engloba Planejamento de Carreira e Busca de Oportunidades de Trabalho). Também estimulam as competências relativas às Funções de Negócios. Entretanto, ainda falham na promoção das Habilidades Empreendedoras dos alunos.

Desse exame pode-se concluir que a grande maioria dos estudantes das outras faculdades tem a seu desfavor não serem expostos às Funções de Negócios e, portanto, não têm a chance de desenvolver as competências relativas a elas, visto que estas não têm a ver com o seu currículo. E que também não são expostos, minimamente, às oportunidades de desenvolver as competências relativas às Habilidades Empreendedoras e à Prontidão para o Empreendedorismo. Caso se interessem e optem pelo empreendedorismo, terão muito mais competências a aprender e desenvolver. Assim, pressionados pela necessidade de resultados e pelo tempo, diminuem suas chances de sucesso. E para alcançar resultados favoráveis, deverão superar essas limitações, desdobrando-se muito mais.

Entretanto, o uso de recursos simples, como a experiência de empresas em ação ou mesmo empresas "escola"/simulação (como as da rede Europen), permitem desenvolver quase todas as competências apontadas pelo consórcio.

A Junior Achievement (JA Worldwide) fez uma análise das habilidades e competências desenvolvidas com seus diversos programas – sobretudo aquele em que os estudantes montam uma empresa – e comparou-o com os padrões nacionais de conteúdo. Concluiu que o programa de empresas oferecido no ensino médio só não cobre as habilidades específicas, os conceitos internacionais de economia e a administração do próprio dinheiro. A JA tem outro programa direcionado para o segundo ciclo do ensino fundamental, que é o JA – É o meu Negócio, que desenvolveria 19 das habilidades definidas nos padrões.

3.4 Níveis de inserção da educação empreendedora no currículo

Ao planejar a inserção do assunto empreendedorismo, sobretudo os governos, mas também as escolas e universidades, verifica-se que estes têm três opções para incluí-lo, como:

- parte do currículo mais geral e até nacional;
- parte suplementar ao currículo;
- ou como atividade extracurricular.

O painel de especialistas da União Europeia concluiu que era mais fácil se as escolas e universidades tratassem o empreendedorismo como um assunto separado ou uma atividade extracurricular, o que corresponde a uma opção menos compromissada e, portanto, com menos impacto no contexto cultural.

Essas três opções parecem corresponder às três categorias utilizadas, nos Estados Unidos, pela revista *Entrepreneur Magazine* (vendida pelo site entrepoint.com) para classificar os melhores programas de empreendedorismo nas IES americanas, que são:

- *Abrangente.* Em que se oferece a mais ampla variedade de recursos. Essa categoria é subdividida em instituições cujos programas têm renome nacional ou regional. Por exemplo, Babson College, Universidades Columbia e DePaul e MIT, de renome nacional; ou Universidades de Colorado, em Denver, Ball State, de Iowa etc., de renome regional.
- *Ênfase em Empreendedorismo.* Possui menor número de professores dedicados à área de empreendedorismo, assim como menor número de cursos e de atividades e iniciativas. Por exemplo: Universidades de Belmont, Bradley, Fordham etc.
- *Currículo Limitado.* Com poucos professores que oferecem um número limitado de cursos. Por exemplo: Universidades de Boise State, San Jose State etc.

Nessas avaliações, 75 variáveis são analisadas (Lorentzen, s/d). São levados em conta o número de cursos e programas oferecidos, o número, a titulação, as consultorias e a produção científica dos professores e se estes participam de empresas próprias. Consideram, também, a participação dos alunos em competições internas e nacionais de planos de negócios, fóruns de empresas e de financiamento, incubadoras, ligações entre a faculdade e a comunidade de negócios, transferência de tecnologia para as empresas, centro de empreendedorismo e fundos disponíveis para pesquisas, clubes de empreendedorismo, número de alunos que iniciam negócios enquanto estão no programa e programas de mentores.

Pode-se antever, por essa classificação, que as IES brasileiras somente às vezes ultrapassam a categoria limitada.

3.5 Melhores práticas de educação empreendedora da União Europeia

Na União Europeia tanto o empreendedorismo quanto a EE têm sido alvo de atenção e preocupação, o que pode ser atestado pelos diversos tipos de relatório gerados através dos diretorados, por grupos de especialistas que têm se dedicado a esse assunto e promovido várias conferências. Alguns pontos desses estudos, conclusões, recomendações e iniciativas estarão em foco. Dada a difusão e maior conhecimento e mesmo maior possibilidade de acesso às melhores práticas dos Estados Unidos (por exemplo, Usasbe e GCEC), preferimos focalizar aqui algumas que foram destacadas na União Europeia.

O Diretorado Geral de Empresas e Indústrias da Comissão Europeia, bem como os grupos de especialistas, têm promovido, há mais de cinco anos, vários estudos com o propósito de direcionar as ações dos estados membros, sobretudo através da difusão das melhores práticas de educação em todos os níveis e também dos programas de treinamento. Nos relatórios de 2002 e de 2006, detectou-se que em quase todos os países da União Europeia existe, em variados graus, uma política de comprometimento no nível governamental/ministerial para a promoção da EE no sistema educacional.

Destacam-se, aqui, alguns casos de melhores práticas referentes à IES.

Ensino de Empreendedorismo para Alunos de Graduação de Diferentes Cursos e Áreas. Oferecido pelo Dundalk Institute of Technology, na Irlanda, nos sexto e nono semestres. Por exemplo, no sexto semestre, os estudantes têm um módulo denominado Cratividade e Inovação, em formato de *workshop*, interativo e prático. Nele é necessário que os estudantes gerem ideias para resolver problemas que se relacionam à criação de uma empresa. No semestre seguinte, fazem o módulo de Empreendedorismo, que envolve um conteúdo mais acadêmico e teórico, e, ao mesmo tempo, os alunos desenvolvem um projeto de negócio depois de pesquisar as possibilidades na região. Além desses módulos, muitos outros cursos são oferecidos pelo Centro de Pesquisa e Empreendedorismo para todos os alunos das diversas escolas e áreas.

Um Enfoque Integrado em Educação Empreendedora – Escola BI de Administração da Noruega. Oferece desde cursos isolados sobre como abrir o próprio negócio até bacharelado em empreendedorismo. A metodologia, ativa e participativa, incentiva os alunos a desenvolver projetos e negócios e também uma rede de relações com diferentes agentes da comunidade. São oferecidas oportunidades variadas, como atividades de empresas jovens; participação em competição de plano de negócios; acompanhamento de empreendedores reais na discussão com investidores e consultores; participação em casos reais em tempo real (desenvolvimento de planos de negócios de empreendedores na sala de aula); interação com diversos profissionais que apoiam empreendedores e investidores. O Centro de Empreendedorismo facilita o contato do estudante com uma ativa rede que envolve incubadora, empresas de capital de risco, conselheiros etc.

Desafio Empresas Tecnológicas – Mudando a Cultura das Universidades da Inglaterra (UKSEC). O governo lançou essa iniciativa em 1999 e, já em 2004, se transformava em uma rede nacional de centros de empresas abertos à participação de todas as universidades britânicas. Dessa forma, envolvia mil professores e pesquisadores e 160 mil estudantes com a criação de negócios e 180 competições de planos de negócios, totalizando 8.700 ideias novas e 70 sociedades de empresas de estudantes.

A rede UKSEC é uma comunidade de troca de informação, cooperação e experimentação. Promove eventos, desenvolvimento de novas abordagens e disseminação das melhores práticas. Também oferece prêmios anuais para destacar o melhor entre os estudantes vencedores das competições regionais e locais de planos de negócios.

No nível local, o avanço dessas iniciativas depende de visão e habilidade das lideranças das universidades. Na Universidade de Sheffield, o empreendedorismo é inserido em todo o currículo de Engenharia e Ciências, e o corpo docente foi envolvido nessa disseminação, o que faz parte do padrão profissional exigido.

Em outras universidades, esse processo é liderado pelas Escolas de Negócios. De qualquer forma, a mudança cultural é um processo lento, mas já se observou essa transformação nas universidades britânicas: houve impacto na orientação das pesquisas que se voltam mais para a aplicação desses processos e no ensino que enfatiza como obter e usar o conhecimento.

Young Enterprise Europe (Jovens Empreendedores Europeus – JA YE). É a filial europeia da JA, que, desde 1993, já se espalhou em cerca de 40 países europeus. Objetiva difundir o espírito e a mentalidade empreendedores entre os alunos mais jovens. Em nível nacional, ajuda a organizar programas que baseiam a aprendizagem na criação de miniempresas pelos estudantes, que aprendem fazendo. Mas oferece programas para todos os níveis de educação, incluindo o superior.

Treinamento em Negócios para Professores na Universidade de Strathclyde, Glasgow, Escócia (UK). Os estudantes da Faculdade de Educação, desde o início do curso, frequentam sessões de conscientização sobre empreendedorismo e sobre a filosofia do empreendedorismo na educação.

Nos terceiro e quarto anos, eles frequentam um módulo de 48 horas divididos em dois anos. Na primeira parte, eles têm que desenvolver, em equipes, um projeto de empresa ao longo de oito semanas, fazer um relatório e apresentá-lo para todo o grupo, além de gerar um artigo que reflita sua experiência. No ano seguinte, eles ampliam seu conhecimento sobre empreendedorismo na educação, para aplicá-lo em suas carreiras.

Os professores que já estão na ativa podem recorrer a treinamentos proporcionados pelo Centre for Studies in Enterprise, Career Development and Work (<www.strath.ac.uk/enterprisincareers>), que oferece cursos de pós-graduação e diploma em Empreendedorismo na Educação.

O Programa CREA da França (indicado em 2002). É oferecido pelos Departamentos de Administração e Marketing de diversas universidades e institutos de tecnologia. Os alunos auxiliam um empreendedor a implementar seu plano de negócio. Para tanto, estabelecem parcerias com os representantes da rede local de criação de novos negócios e com profissionais – contadores, consultores – que dão assistência aos alunos engajados com esse empreendedor.

Nota-se que essas melhores práticas envolvem ativamente os alunos de várias áreas de conhecimento: na preparação de planos de negócios, na experimentação com a efetiva criação de pequenas empresas, no assessoramento de empreendedores e empresas reais etc. Possibilitam até que se faça uso de recursos e conhecimento da universidade em prol de potenciais ou futuros negócios. Também estabelecem intercâmbios com a comunidade de negócios local. Em outra vertente, há a preparação de professores, com o engajamento deles em uma experiência de aprender criando e gerindo um negócio, para que possam, mais tarde, vir a orientar seus alunos no mesmo tipo de experiência.

4. CONCLUSÕES E RECOMENDAÇÕES

Ainda que recente, a EE já mostrou que não é um modismo. Tem se difundido justo porque se sintoniza com as demandas e os desafios do mundo atual, e há provas de sua eficácia.

É preciso esclarecer que o desenvolvimento de programas de EE de qualidade é uma proposta de longo prazo, ainda que a necessidade de criá-los seja imediata. A formatação de bons programas de EE demanda sólida fundamentação, e como vimos existe um arcabouço teórico que fornece referências tanto para analisar de maneira crítica as iniciativas em andamento quanto para planejar futuras ações.

A princípio, há que decidir o grau de comprometimento com esse tipo de educação, pois, como já vimos, terá pouco impacto se for inserida como atividade extracurricular desintegrada da estrutura curricular. Assim, é necessário que as lideranças tenham conhecimento sobre a EE e se envolvam com a proposta dela. Dessa maneira, poderão estimular e preparar o professorado, alterando o paradigma vigente e adotando a abordagem empreendedora em todos os cursos constantes do currículo. E, para isso, serão fundamentais: informação, metodologia, material de ensino e de consultoria e uma rede de intercâmbio de experiências.

A formatação dos programas tem que considerar a idade e a etapa de desenvolvimento dos estudantes, definir com clareza que objetivos pretendem ser alcançados e escolher os conteúdos compatíveis. Vimos que tanto o modelo de aprendizagem contínua como os padrões nacionais de conteúdo podem ser de auxílio nessa etapa de planejamento. Também a metodologia e as técnicas pedagógicas são escolhidas de forma a permitir que os alunos participem, sejam desafiados por problemas e situações semelhantes aos do mundo real ou próprios dele.

O desafio pedagógico é envolver os estudantes no processo, sentimental e emocionalmente, e criar um ambiente aberto e de confiança para estimular o risco. Faz-se necessário ampliar a base de professores de empreendedorismo, assim, o corpo docente deve ser incentivado, e os sucessos e as inovações devem ser destacados através de premiações.

Fica clara a necessidade de integração das escolas e as IES com a comunidade, para aproximar os empreendedores e outros profissionais na etapa de implementação e também na etapa de concepção de oportunidades e experiências.

É importante conquistar a adesão dos que decidem sobre as políticas, mostrando os benefícios dessa educação, para que se ganhem apoio e condições melhores para avançar. Há espaço e responsabilidades para todos os níveis, desde o local, até o regional e o nacional, e que fique claro para todos os resultados que se desejam da EE.

Cabe destacar que os especialistas americanos apontam que a EE "afeta de modo positivo o aprendiz em todos os níveis e em muitos contextos". Exemplificando, os benefícios obtidos no nível superior seriam "mudanças nas atitudes pessoais e em relação à carreira", como capacidade de controlar a própria vida e trabalhar em equipe, motivação, criatividade, autovalorização etc. Também estimula o desenvolvimento de:

- ⊠ Habilidade para iniciar e manter a longevidade do negócio.
- ⊠ Conhecimento das formas de saída de um negócio *versus* falência/fracasso.
- ⊠ Utilização de componentes de um plano de negócios.
- ⊠ Habilidade para administração e operação do negócio.

O relatório de Oslo (2006) alerta que não existem padrões de qualidade e de certificação na área de EE, o que reforça o papel dos estudos de avaliação de qualidade e o impacto para a disseminação da EE. É necessário desenvolver essa cultura de avaliação, incluindo fontes independentes, participação dos múltiplos interessados e uma perspectiva de longo prazo para apurar o impacto futuro.

REFERÊNCIAS

COMMISSION OF THE EUROPEAN COMMUNITIES. *Green paper – entrepreneurship in Europe.* Bruxelas, 2003. Disponível em <http://europa.eu.int/comm/off/green/index_en.htm>. Acesso em: agosto 2005.

CONSORTIUM FOR ENTREPRENEURSHIP EDUCATION. *National Content Standards for Entrepreneurship Education.* Kansas City, 2004. Disponível em <www.entre-ed.org>. Acesso em: agosto 2005.

DRUCKER, P. F. *Inovação e espírito empreendedor* (Entrepreneurship). São Paulo: Pioneira, 1986.

ENTREPRENEUR.COM. *Entrepreneur.* Disponível em <http://www.entrepreneur.com/topcolleges>. Acesso em: março 2008.

EUROPEAN COMMISSION. *Enterprise and industry. Entrepreneurship education in Europe: fostering entrepreneurial mindsets through education and learning. Conference Final Proceedings*, 2006. Disponível em: <http://ec.europa.eu/enterprise/entrepreneurship/support_measures/training_education/oslo.htm>. Acesso em: set. 2007.

______. *Enterprise directorate general of – unit B.1 improving business support measures. 2002. Final Report of the Expert Group Best Procedure Project on Educa-*

tion and Training for Entrepreneurship. 2002. Disponível em <http://europa.eu.int/comm/enterprise/entrepreneurship/support_measures/index.htm>. Acesso em: agosto 2005.

FIILION, L. J. "Diferenças entre sistemas gerenciais de empreendedores e operadores de pequenos negócios". *Revista de Administração de Empresas*. São Paulo, v. 39, n. 4, p. 6-20, 1999.

GUIMARÃES, L. de O. "A experiência universitária americana da formação empreendedora". 2002. Tese (Doutorado em Administração de Empresas) – Fundação Getulio Vargas, SP, São Paulo, 2002.

HEINONEN, J. e AKOLA, E. Entlearn Project Team. *Entrepreneurship training and entrepreneurial learning in Europe: results from the Entlearn Projec*. Finlândia: TSE Entre, Turku School of Economics, 2007.

JA-YE EUROPE. *Company programme: survey report*. 2007. Disponível em: <http://www.ja-ye.org>. Acesso em: abril 2008.

KATZ, J. A. Education and training. In: BAUM, J. R., FRESE, M. e BARON, R. *Entrepreneurship* in *the psychology of entrepreneurship*. Mahwah, New Jersey: Lawrence Erlbaum Associates, Inc., Publishers, 2007.

KURATKO, Donald F. "The emergence of entrepreneurship education: development, trends and challenges". *Entrepreneurship: Theory and Practice*, 577-597, September 2005,.

LOPES, R. M. A. "Personalidade e tipos psicológicos de empreendedores: um estudo exploratório". 2004. Tese (Doutorado em Psicologia) – Universidade de São Paulo, São Paulo, 2004.

LOPES, R. M. A.; MELLO, A. A. A. "Referenciais para refletir sobre a educação empreendedora nas IES brasileiras". In: CONGRESSO DE ADMINISTRAÇÃO DA ESPM, II, 2005, Rio de Janeiro. Anais do II Congresso de Administração da ESPM. Amatucci, M et al. (Org.). Publit: Rio de Janeiro, 2005. p. 433 a 460.

LORENTZEN, J (sem data). *Understanding EntrePoint College Rankings*. Disponível em <http://www.entrepoint.com/understanding.htm>. Acesso em: março 2008.

RONSTADT, R. "The Educated Entrepreneurs: A New Era of Entrepreneurial Education is Beginning". *American Journal of Small Business*, vol. 10, 1, p. 7-23, 1985.

CAPÍTULO 3

Educação empreendedora no ensino fundamental

O caso da educação municipal de São José dos Campos[1]

ROSE MARY ALMEIDA LOPES
MARIA AMÉRICA DE ALMEIDA TEIXEIRA

1. A IMPORTÂNCIA DA EDUCAÇÃO EMPREENDEDORA

Os últimos números revelados pelas tendências no emprego global pelo Escritório Internacional do Trabalho (ILO/UN, 2010) são preocupantes: estima-se que 212 milhões de pessoas estariam desempregadas, perfazendo 6,6% da população ativa global, tendo subido 0,9% em relação ao ano anterior. Mas focalizando-se os jovens entre 15 e 24 anos, precebe-se que sobre eles o ônus de desemprego é ainda mais amargo: representam 44% de todos os desempregados (ILO/UN, 2007), e 10 milhões a mais teriam sido adicionados até o fim de 2009 (ILO/UN, 2010, p. 16). Esse quadro é ainda pior se

---

[1] As autoras agradecem à professora Rosemary Faria Assad, diretora do Departamento de Educação Básica/SME–SJC, à professora Sofia Beatriz Moraes Hardt, do Cedemp, a Rosângela T. F. Campos, da agência Sebrae de São José dos Campos, e a Maria Aparecida Pippa, do Sebrae–SP.

Este capítulo baseou-se, em parte, em um trabalho de final de curso intitulado “A Contribuição da Educação Empreendedora de Primeiro Grau para o Planejamento do Negócio, 2006”, no qual a primeira autora foi a orientadora técnica e apresentou esse caso no Congresso Intent 2007, na Polônia.

focarmos em regiões menos desenvolvidas e por gêneros, e aí revela-se que as mulheres são as mais afetadas pelo desemprego.

Portanto, o alerta da ILO é de que existe uma enorme pressão sobre os governos, as sociedades e a própria população para que se criem oportunidades de trabalho produtivo e decente. E a solução para tal quadro é a iniciativa empreendedora, sobretudo nos países mais pobres e menos desenvolvidos. Assim, a estimulação de atitudes e comportamentos empreendedores, que se traduzirão na criação de novos negócios, parece ser a alternativa mais viável e melhor para a promoção do crescimento econômico, respondendo, portanto, ao desafio colocado pelos enormes desequilíbrios do mercado de trabalho.

Por outro lado, é bem conhecida a diferença entre empreendedores impulsionados por necessidade e por oportunidade, tal como indicado pelos relatórios da pesquisa Monitoramento Global de Empreendedorismo (Global Entrepreneurship Monitor – GEM). Essa pesquisa tem indicado que quanto mais educado for o empreendedor, mais chances terá de criar um negócio baseado numa oportunidade real. E o contrário acontece com os menos educados e preparados, que mais provavelmente direcionam suas iniciativas para ações que garantam suas necessidades de sobrevivência, que por se basearem em tecnologias tradicionais têm menores possibilidades de crescimento.

Depreende-se daí a importânica tanto da educação formal quanto da educação para o empreendedorismo. Esta visa o desenvolvimento e/ou fortalecimento de:

- crenças
- atitudes
- habilidades
- conhecimento

que redundam na prontidão do indivíduo para agir. A experiência acumulada revela que quanto mais cedo se inicia a educação empreendedora, melhor, o que significa que tais esforços devem voltar-se para o início da vida escolar: desde o ensino infantil, seguindo-se no fundamental e nos níveis posteriores de educação. Começar mais cedo significa ter mais chances de favorecer o desenvolvimento de uma série de competências que farão com que os alunos estejam mais bem preparados para os desafios da sociedade pós-moderna, em especial com a possibilidade de gerar a própria renda/trabalho, deixando de ser dependentes de terceiros.

Todavia, de acordo com a equipe de especialistas da União Europeia responsável pelo relatório do Projeto Melhores Procedimentos na Educação e Treinamento para o Empreendedorismo (Best Procedure Project on Education and Training for Entrepreneurship, 2002), na maioria dos países da Europa – 9 em 16 – os exemplos da aplicação de educação empreendedora no ensino fundamental era raro.

Neste capítulo discutiremos sobre a educação empreendedora no ensino fundamental e apresentaremos alguns referenciais teóricos e a experiência de alguns países. Depois vamos focar o caso da educação empreendedora na rede de escolas públicas municipais de São José dos Campos e descrever a série de programas e iniciativas desenvolvidos desde 1999. Finalizamos com uma análise e a discussão sobre esse caso, que pode representar uma das melhores experiências no Brasil. Assim, sua descrição estimulará o debate e a difusão dessa experiência para outras escolas do ensino fundamental, independentemente de serem públicas ou particulares, apontando ideias e recursos que poderão ser utilizados para a promoção da educação para o empreendedorismo desde a infância.

2. AFINAL, O QUE É EDUCAÇÃO EMPREENDEDORA NO ENSINO FUNDAMENTAL?

A Fundação Kauffman, uma das mais importantes instituições na área de fomento ao empreendedorismo nos Estados Unidos, enfatiza que essa educação faz com que o indivíduo se torne capaz de reconhecer oportunidades não detectadas por outros, reunir e administrar recursos e ser capaz de agir em situações que envolvam risco, enquanto outros hesitariam. Ela também deve abarcar tópicos como processo de gerenciamento de um empreendimento, plano de negócios, administração financeira e análise de fluxo de caixa, entre outros.

O modelo de aprendizagem contínua defendido pelo Consórcio para a Educação Empreendedora (Consortium for Entrepreneurship Education, 2004) evidencia cinco estágios diferentes no desenvolvimento das competências empreendedoras, ao longo da vida. Portanto, é um processo que se inicia quando os valores da criança estão sendo formados e ela, com a educação e a experiência posteriores, vai adquirindo habilidades, conhecimentos básicos e competência.

Tais especialistas alertam que desde a educação infantil é necessário que se estimule o desenvolvimento de posturas, atitudes, habilidades e aptidões empreendedoras, e que esse esforço deve ser continuado nos níveis seguintes de educação. Para esses especialistas, a educação empreendedora significa desenvolver o potencial para agir sobre as situações, sobre as oportunidades, descobrindo e inicianto negócios, assim "o objetivo é se orientar de forma empreendedora ante as oportunidades" (2004).

Esse referencial teórico parece indicar que a educação fundamental para o empreendedorismo deva focar mais no desenvolvimento de qualidades e competências pessoais e também em conscientizar os alunos sobre as opções de carreira de autoemprego e empreendedora. E enfatiza a necessidade de priorizar a exposição dos alunos a situações reais que ofereçam a oportunidade de administrar, arriscar e aprender com os resultados das próprias ações.

A citação seguinte, retirada do relatório elaborado por especialistas da União Europeia, também confirma isso:

> No nível da educação do ensino fundamental, o ensino de empreendedorismo objetiva desenvolver nos alunos qualidades pessoais como criatividade, iniciativa e independência,

> que contribuam para o desenvolvimento da atitude empreendedora, que será útil em suas vidas e em qualquer tipo de trabalho. Nessa fase, formas autônomas e ativas de aprendizagem devem ser desenvolvidas. Além disto, esse ensino deve prover os primeiros contatos com o mundo dos negócios e certo entendimento do papel dos empreendedores na comunidade. Atividades podem incluir trabalho em projetos, aprender brincando, apresentação de estudos de casos simples e visitas a empresas locais. (European Comission, 2002, p. 15)

De acordo com Fernando Dolabela, renomado professor e escritor na área de Educação Empreendedora, essa educação deve ampliar o repertório de respostas e de ações e fazer com que os indivíduos se sintam mais confortáveis, a despeito de lidarem com situações novas e incertas. Isso implica que o ensino de empreendedorismo baseia-se muito mais em fatores motivacionais e em habilidades comportamentais do que em conteúdos instrumentais. O objetivo final deve ser formar indivíduos preparados para alcançar sucesso, independentemente de virem a iniciar novas empresas. (Dolabela, 2003)

Dolabela descreve o ciclo de aprendizagem empreendedora: primeiro, o indivíduo desenvolve um sonho – um projeto futuro que deseje implementar ou algo que deseje alcançar ou se tornar. Depois deve procurar formas de concretizar esse sonho, e para isso deve identificar e aprender o que seja necessário para que possa realizá-lo.

Nesse tipo de educação, os alunos devem aprender muito mais do que criar os próprios negócios, pois, de acordo com o Consórcio para a Educação Empreendedora (2004), essa educação inclui:

- a habilidade de reconhecer oportunidade;
- a habilidade de perseguir essas oportunidades, criar novas ideias e organizar todos os recursos necessários;
- a habilidade de criar e administrar o novo negócio;
- a habilidade de pensar de forma criativa e crítica.

Na sequência, apresentaremos a situação atual desse nível de educação para o empreendedorismo em diversos países.

2.1 Educação empreendedora do ensino fundamental em outros países

Em 2000, a educação empreendedora no ensino fundamental e no ensino médio foi discutida no Fórum de Treinamento para Empreendedorismo reunido em Nice/Sophia Antipolis (European Commission, 2002). Enfatizou-se a importância de inserir, gradualmente, no currículo, o desenvolvimento de qualidades e habilidades pessoais, num processo evolucionário, de tal modo que os estudantes fossem conduzidos por esse processo de aprendizagem. A Tabela 1 mostra as competências a serem desenvolvidas agrupadas em categorias:

Tabela 1 Competências a serem desenvolvidas

COMPETÊNCIAS	
ADMINISTRAÇÃO	Habilidade para solucionar problemas, e isto implica estimular as habilidades de planejamento, de decidir, de comunicar e de assumir responsabilidade
ÁREA SOCIAL	Abarca o desenvolvimento de habilidades de cooperação, de trabalhar como membro de equipe e de assumir outros papéis
ÁREA PESSOAL	Desenvolvimento de autoconfiança e motivação, do pensamento crítico e independente, da capacidade de aprender de forma autônoma

Foi observado que os programas direcionados para o ensino fundamental ainda eram raros, e a necessidade de que se fizesse mais a esse respeito foi reforçada. Foi mencionado que em poucos países – Áustria, Dinamarca, Islândia, Noruega e Suécia – havia algumas iniciativas que objetivavam o desenvolvimento de qualidades pessoais, como criatividade, iniciativa e inovação. E apenas na Finlândia, em Luxemburgo, na Noruega e na Espanha foram encontradas atividades direcionadas para o desenvolvimento de competências e habilidades empreendedoras.

O relatório de 2004 da União Europeia indica que as ações mais importantes, em alguns países, partem de um número significativo de redes internacionais e de ONGs que promovem programas e atividades de educação empreendedora. Na República Tcheca e na Hungria estas foram as únicas atividades encontradas.

Na maioria dos países não havia nenhum plano concreto de alterar o currículo nacional para introduzir a educação empreendedora no ensino fundamental. Somente a República Tcheca, Finlândia e Espanha estavam planejando essa inserção. Na Espanha, um Decreto Real (junho/2003) determinou a inserção de cursos de empreendedorismo para estudantes entre 6 e 12 anos. Mas, no geral, é como se a administração pública não estivesse consciente da importância desse assunto ou que não o considerasse prioritário.

No Canadá, a The Canadian Foundation for Economic Education (CFEE), fundada em 1974 como uma organização não lucrativa e apartidária, oferece cursos de educação empreendedora especialmente para os jovens, auxiliando-os a decidir e a agir sobre suas vidas de modo mais competente e confiante. Mais de 5 mil professores foram treinados como multiplicadores, e uma estimativa de 300 mil estudantes são treinados por ano (CFEE, 2006).

Nos Estados Unidos, a Junior Achievement (JA), ONG privada fundada em 1919, foi uma das primeiras a oferecer educação empreendedora para os mais jovens. Hoje essa instituição está presente em mais de 100 países (24 na Europa), alcançando mais de 7 milhões de alunos por ano, e no Brasil está presente desde 1983. Assim, acumulou uma sólida experiência e oferece programas e metodologias já testados, que podem ser facilmente adaptados às escolas e às situações locais. Dessa forma, são amplamente usados em todo o mundo.

A despeito de estar pouco disseminada, parece que a educação primária empreendora está ganhando mais atenção e importância. Os especialistas da UE (European Commission, 2004) enfatizam que a principal dificuldade para seu avanço não é o currículo nacional. Estes, sobretudo nos níveis fundamental e médio, com frequência permitem a inserção de atividades empreendedoras. De modo geral, o principal obstáculo é a falta de motivação dos próprios professores – despreparados para ensinar esse assunto e carentes de material pedagógico adequado.

Nesse ponto, entende-se uma das fortes razões da ampla disseminação dos programas da Junior Achievement, por proverem o treinamento dos professores e o material pedagógico. Isso permite sua transferabilidade, o que é uma das condições de uma boa prática. O relatório da Comissão Europeia de 2006 indicava que os programas da JA – Young Enterprise (seu nome na Europa), direcionados do jardim da infância até o quinto ano do ensino fundamental, constituíam uma das melhores práticas. Neles os alunos trabalham em uma sequência de sete temas: Nós Mesmos, Nossas Famílias, Nossa Comunidade, Nossa Cidade, Nossa Região, Nossa Nação e Nosso Mundo – e mais um tema foi adicionado – Nossa Europa. Dessa forma, os alunos aprendem conceitos básicos de economia e negócios, temas importantes para o mundo do trabalho. E constituem o fundamento para toda a educação e experiências posteriores.

O mesmo relatório ainda apontava a necessidade de disseminar a educação empreendedora no ensino fundamental, a despeito de já existirem alguns exemplos de boa prática (além do JA–YE): o programa Cap'tem, da Bélgica; o desenho em quadrinhos "Bill e Boule criam uma empresa", de Luxemburgo; empreendedorismo no jardim de infância e nas escolas primárias, do Condado de Telemar, na Noruega, e estratégia para empresa na educação primária, da Escócia.

Mas o que seria uma boa prática? Listam-se, na íntegra, quais os critérios que um programa educacional deve atender para ser considerado como boa prática, tal como definido pelo grupo de especialistas da UE (European Comission, 2002, p. 46):

1. A prática já deve existir de fato.
2. Deve ter metas e objetivos claramente identificáveis.
3. Deve ser amigável para os usuários, além de ser atraente para os participantes.
4. Deve ser adaptável e transferível.
5. Deve ser sustentável e ter uma perspectiva de longo prazo.
6. Seus resultados devem ser identificáveis e passíveis de avaliação.
7. Deve ser coerente com outras boas práticas, no conceito e na implantação.
8. Em comparação a outras boas práticas, deve superá-las nos resultados de eficiência e efetividade em indicadores relevantes e abrangentes.
9. Deve ser passível de ser continuamente aperfeiçoada.

Esses critérios serão particularmente úteis para analisar o caso da educação pública empreendedora no ensino fundamental de São José dos Campos. Antes de fazê-lo, vamos apresentar os referenciais teóricos que nortearam a maioria de seus programas e iniciativas.

3. REFERENCIAIS TEÓRICOS QUE INFLUENCIARAM O DESENVOLVIMENTO OU A IMPLEMENTAÇÃO DOS PROGRAMAS DE EDUCAÇÃO EMPREENDEDORA

O desenvolvimento e a implementação dos programas de educação empreendedora seguem as recomendações da Unesco para a educação do século XXI, que são: aprender a conhecer, aprender a fazer, aprender a conviver e aprender a ser.

Além dessas, a Unesco (2004) refere-se a outro requisito da moderna educação – que prepara para o empreendedorismo, desenvolvendo a capacidade de inovar, de reter conhecimento, de desenvolver projetos próprios e de lidar com as mudanças.

O Sebrae também adotou essa visão no desenvolvimento de seu programa Jovens Empreendedores – Primeiros Passos, orientado para os alunos do ensino fundamental, que também foi inspirado nos conceitos pedagógicos desenvolvidos pelo pedagogo Antonio Carlos Gomes da Costa. Os principais conceitos de sua teoria são Resiliência e Protagonismo Juvenil (2001). Ele descreve resiliência como a capacidade de resistir e de prosperar na advsersidade, e segundo ele essa característica pode ser ensinada e aprendida.

A resiliência é relacionada com a amplitude, a profundidade e a abertura do campo perceptual da pessoa, e este, por sua vez, parece se organizar através da articulação favorável em torno de três eixos básicos: na relação consigo, com sua circunstância e com o tempo, sendo papel do educador assegurar que essa articulação ocorra. E para isso deve entender seu processo e sua interação com a realidade. Tal processo compreende os estágios seguintes: apreensão, compreensão e significação da realidade, projeção da própria vida, apreciação e ação sobre a própria realidade.

O protagonisno juvenil refere-se à criação de oportunidades, condições e espaço para que os jovens alunos se envolvam com a solução de problemas reais, motivando-se para tomar iniciativa, comprometendo-se com a situação, ao mesmo tempo que se sentem livres para o fazer.

Lembramos que a palavra "protagonismo" se origina do grego e que "proto" significa "primeiro" e "agon" significa "lutador". Sintetizando: principal lutador ou, no teatro, aquele que conduz a trama. Portanto, protagonismo implica envolver-se de forma construtiva e com a vida, escola, comunidade e sociedade, através de participação autêntica e autônoma, com o desenvolvimento da autoconfiança e autodeterminação, em um período em que a identidade do aluno ainda está sendo formada.

Daí a importância de que os jovens estudantes participem de projetos e ações, aprendendo a se comportar em equipes democráticas, experiência que reforça a autoconfiança e o sentimento de ser capaz de intervir, de maneira construtiva, em seu ambiente social.

4. O EMPREENDEDORISMO NA REDE DE ENSINO MUNICIPAL DE SÃO JOSÉ DOS CAMPOS

4.1 São José dos Campos: informações gerais

Foi fundada em 1767 e é a sétima maior cidade do Estado de São Paulo, com população de cerca de 600 mil habitantes (IBGE, 2007). É considerada o centro regional de comércio e de serviços especializados para as cidades vizinhas. Seu IDH-M (0,849) a coloca como a 32ª no Brasil (PNUD – 2000).

É um polo científico e tecnológico que possui instituições de pesquisa renomadas (por exemplo, na área aeroespacial) que contam com profissionais especializados, o que atraiu indústrias sofisticadas nas áreas de aeronáutica, de veículos e de telecomunicação.

Sua taxa de alfabetização de 96,3% é o resultado composto das escolas municipais, estaduais e privadas. Focalizando-se só as escolas municipais do ensino fundamental, estas são 39, com 36.023 estudantes matriculados em 2008.

Esses números revelam que os programas de educação empreendedora podem causar um grande impacto ao influenciar tantas crianças e jovens alunos. Mas vejamos que fatores contribuíram para o desenvolvimento dessa educação nesse município.

4.2 Antecedentes históricos da educação empreendedora em São José dos Campos

O então prefeito Emanuel Fernandes acreditava na vocação empreendedora do município, assim, procurou estimular diversas iniciativas para promover o desenvolvimento humano, social e econômico. Baseou-se numa educação de qualidade capaz de formar cidadãos críticos e empreendedores. Então estimulou a introdução da educação empreendedora nas escolas municipais como enriquecimento curricular, apoiando-se em lei federal (de 1996) e também em outras normas e resoluções complementares (de 1998).

No nível municipal, o Conselho Municipal de Educação, por meio da Resolução CME n. 03/02, estabeleceu a inclusão de projetos de educação empreendedora no currículo das escolas municipais, assegurando seu desenvolvimento e continuidade após o término do mandato daquele prefeito.

Daí em diante, alguns programas para desenvolver o potencial e a criatividade dos alunos foram oferecidos, motivando-os e criando oportunidades para interações com a comunidade de negócios. Esses programas são descritos a seguir.

4.3 Centro de Educação Empreendedora (Cedemp)

Todos os programas e atividades relacionados com a educação empreendedora têm sido coordenados por esse centro, inaugurado em 2004. É sua missão coordenar, implementar e sistematizar todas as atividades desenvolvidas pelas escolas, bem como disseminar a cultura empreendedora na cidade. Assim, não se limita a trabalhar com as escolas, pois oferece atividades de Educação Profissional Básica para os membros da comunidade, enfatizando sempre os conceitos e valores empreendedores, que auxiliarão na promoção do desenvolvimento socioeconômico sustentável. Portanto, tem uma missão ampla na disseminação de valores e da nova visão e postura empreendedoras, que até extrapola seus limites geográficos, pois se dispõe a colaborar com outras cidades do Estado e do país.

4.4 Descrição dos programas de educação empreendedora

Profissional do Futuro

Foi iniciado em 1999, com o propósito de desenvolver a competência empreendedora dos alunos da sétima e oitava séries, através da resolução de problemas e de desafios que os motivassem a colocar seus conhecimentos, habilidades e valores em ação. Para alcançar esse propósito, baseia-se em diversos eixos que representam temas como: relações intrapessoal e interpessoal; planejamento pessoal e profissional; comunicação, marketing pessoal e planejamento de negócios. Diversas técnicas permitem que esses temas sejam desenvolvidos: debates, dinâmica de grupo, discussões e considerações acerca do mercado de trabalho e experiências pessoais. Então os alunos são expostos a experiências reais e aprendem a fazer fazendo. Enfatiza-se a interação social, e o processo de grupo e os relacionamentos são analisados.

Exemplo: em marketing pessoal os estudantes aprendem a preparar os próprios currículos. Eles simulam todo o processo de seleção, desde a triagem dos currículos, a entrevista de seleção e a aplicação de dinâmica de grupo até atingir o resultado final, com os candidatos selecionados.

Duração: duas horas semanais ao longo do ano escolar (com, no máximo, 80 horas).

Resultados acumulados de 1999 a 2008: 39.952 estudantes.

Feira do Jovem Empreendedor Joseense

A oficialização dessa feira deu-se através do decreto n. 10.775, em 10/2/2002, assinado pelo prefeito Emanuel Fernandes, com o objetivo de assegurar que não seria descontinuada nos anos subsequentes, entretanto, sua primeira edição ocorreu já em 2000. Assim, o decreto determina a realização anual da feira visando criar e manter uma cultura empreendedora, sobretudo entre os jovens. Atualmente, ela resulta da cooperação com muitos parceiros, por exemplo o Sebrae–SP. É direcionada para os alunos dos últimos anos (sétimo ao nono) e define como metas:

> Desenvolver o espírito empreendedor no município de São José dos Campos e região; estimular o surgimento de jovens

empreendedores; criar vínculos entre empreendedores, futuros profissionais e investidores; consolidar a região como incentivadora do empreendedorismo; aumentar a participação em projetos de empreendedorismo do Estado de São Paulo; criar oportunidades de intercâmbio entre empreendedores, facilitadores e investidores; reciclar e atualizar os empresários sobre as tendências de mercado; estimular novos negócios a partir da exposição de ideias e projetos; ampliar o incentivo ao empreendedorismo através da difusão da cultura empreendedora; tornar perene a realização anual desta Feira do Jovem Empreendedor Joseense (site: http://www.sjc.sp.gov.br/sme/prog projetos detalhes.asp? Programa = 39).

Em preparação para a feira, cada escola organiza a própria exposição, na qual todos os alunos mostram seus projetos. Os melhores são selecionados para serem apresentados na feira. É importante esclarecer que a Feira do Jovem Empreendedor Joseense também estimula e provê oportunidade para os alunos das escolas secundárias e vocacionais, independentemente de serem privadas ou públicas. As empresas de base tecnológica das incubadoras existentes na cidade também podem exibir seus projetos nesse evento.

Os projetos têm revelado que os alunos, de fato, se desenvolvem ao longo dos programas, de tal modo que, cada vez mais, propostas viáveis e criativas têm sido apresentadas, baseando-se em pesquisa de campo realizada na comunidade. Vale ressaltar que tanto os estudantes quanto os professores esforçam-se por envolver a comunidade de negócios para apoiar a viabilização dos projetos.

Os resultados quantitativos revelam o crescimento da feira, e a cada ano as expectativas têm sido ultrapassadas. Sua inauguração foi em 2000 com apenas 10 escolas, 10 projetos expostos (entre 120 projetos candidatos) e 100 alunos expositores. Em 2008, esses números haviam saltado para 38 escolas que apresentaram 600 projetos, dos quais 65 foram expostos por 700 alunos. O número de visitantes também tem se elevado, sobretudo após a realização da Feira no Parque Tecnológico Municipal, que, em 2008, recebeu 136 mil pessoas.

No final de 2008, com o objetivo de dar continuidade aos projetos apresentados na feira, foi criado o Laboratório do Jovem Empreendedor (Lajoe), que visa apoiar os jovens na obtenção de conceitos técnicos e de gestão, para que avancem para as etapas de abertura ou ampliação do seu negócio de maneira competitiva.

Programa Aprendiz de Turismo

Foi implementado nas sétimas e oitavas séries em 2002, para conscientizar os alunos sobre a importância do turismo para a comunidade, o Brasil e o mundo, tendo o formato de duas aulas semanais durante o ano letivo. Os professores são capacitados pela Academia Brasileira de Viagens e Turismo (AVT–BR), que era localizada no Departamento de Geografia na FFLCH da USP, que provê o material pedagógico para os professores e para os alunos. O programa visa transformar os professores em agentes multiplicadores em suas comunidades e preparar os jovens para desempenhar o papel de agentes de conhecimento, à medida que auxiliam o público a tomar ciência da importância do turismo.

Esse programa se relaciona com uma ONG denominada Parceria Global de Viagens e Turismo (The Global Travel & Tourism Partnership – GTTP), que promove uma competição internacional chamada Prêmio Aldo Papone. Todos os anos, um único tema é proposto para os nove países partipantes, visando o desenvolvimento dos estudos de caso. O melhor estudo de caso de cada país é selecionado para ser apresentado por dois alunos e um professor na Conferência Anual de Estudantes e Professores na Alemanha ou França. Dos estudos de caso preparados pelas equipes de São José dos Campos, cinco receberam o Prêmio Aldo Papone nos anos de 2002, 2003, 2005, 2006 e 2008.

São mostrados, na Tabela 2, os diversos temas desenvolvidos pelos professores e seus alunos em São José dos Campos nos diversos anos, indicando-se o número de escolas e de estudantes envolvidos:

Tabela 2 Temas, número de escolas e de alunos envolvidos

Ano	Tema	Número de Escolas	Número de Alunos
2002	Herança histórica e cultural	1	250
2003	Turismo sustentável	1	550
2004	Turismo baseado na comunidade	5	850
2005	Turismo de Aventura	4	730
2006	Turismo cultural	5	1.100
2007	Preservação do patrimônio histórico. Quem se beneficia?	7	1.100
2008	Turismo responsável	7	1.539

Fonte: Elaborada pelas autoras com base em dados do Cedemp.

Jovens Empreendedores – Primeiros Passos – SEBRAE-SP

Esse programa começou a ser implantado em 2002, após a parceria entre a Secretaria Municipal de Desenvolvimento Econômico e o Sebrae–SP ser selada, e desenvolveu um programa de educação empreendedora para as escolas do ensino fundamental. Organizado com uma série de temas adequados para cada grupo de idade, descreve-se, a seguir, como ele foi implementado nas escolas municipais joseenses.

Em 2003, foi introduzido da segunda à oitava séries. A primeira série foi excluída porque o tema escolhido pelo Sebrae – O Doce Mundo das Balas – ia de encontro ao programa educacional de prevenção dentária, desenvolvido com os alunos dessa idade. Assim, o programa desenvolvido nas 38 escolas foi o seguinte:

- 2ª série: Fábrica de Brinquedos
- 3ª série: Praticando a Natureza
- 4ª série: Locadora de Gibis

- 5ª série: Quem sabe faz a hora
- 6ª série: Oficina de Estamparia
- 7ª série: Show Room de Papel
- 8ª série: Desenvolvimento Empreendedor

Os professores e as escolas participaram do programa por adesão. A princípio, os professores foram capacitados pelo Sebrae–SP, que forneceu também o material pedagógico necessário para desenvolver as atividades com os alunos das diferentes idades. Esses professores se tornaram agentes multiplicadores, formando outros professores.

Resultados: entre os anos de 2002 a 2005, o Sebrae–SP treinou 424 professores. No período entre 2002 e 2008, um total de 76.810 estudantes foi envolvido nesse programa.

Programas da Junior Achievement

O programa foi reiniciado em 2002 entre os estudantes da oitava série visando desenvolver competências empreendedoras que pressupõem o entendimento das principais características do sistema econômico e sua influência sobre os negócios e as empresas; o desenvolvimento de habilidades de comunicação e do comportamento ético.

Entre os programas oferecidos pela Junior Achievement destaca-se a criação e a gestão das miniempresas, que provê a oportunidade para que os alunos apliquem conceitos aprendidos na teoria, assim eles aprendem todos os aspectos de um negócio real, incluindo-se a apuração final dos resultados e o cálculo de lucro e retorno dos investimentos para os acionistas.

A duração das atividades das miniempresas é de 15 semanas, com uma carga horária de três horas e meia por semana. Uma dessas miniempresas é desenvolvida na fábrica da GM do Brasil, onde os alunos fabricam cabides metálicos. Nas outras miniempresas, os alunos escolhem o produto que vão produzir, como sabonetes caseiros, velas e chaveiros, dentre outros. As atividades são realizadas com a ajuda de voluntários, por meio de parcerias com a empresa que adotar o programa.

Resultado: 7.190 estudantes foram envolvidos entre 1991 e 2008.

Pedagogia empreendedora

Refere-se a uma estratégia pedagógica desenvolvida pelo professor Fernando Dolabela, denominada Teoria Empreendedora dos Sonhos, e que orienta o desenvolvimento do potencial empreendedor dos alunos desde os quatro anos de idade até o final do ensino fundamental. O principal objetivo dessa pedagogia é a estimulação dos sonhos dos alunos e a preparação das ações que permitem realizá-los. Desse modo, desperta-se o espírito empreendedor, e os estudantes são reforçados a desenvolvê-lo.

Foi introduzida em 2003 com o objetivo de promover o desenvolvimento sustentável humano, social e econômico e enfatiza a importância da democracia, da cooperação e da estrutura de poder como condições necessárias à promoção do desenvolvimento empreendedor das pessoas.

No começo, todos os especialistas da Secretaria Municipal de Educação receberam a formação necessária, repassando a metodologia para os professores. Hoje o programa está disseminado em todas as escolas, desde a educação infantil até o último ano do ensino fundamental.

Resultado: todos os estudantes matriculados nas escolas municipais são contemplados por esse programa anualmente, totalizando cerca de 53.219 no ano de 2008, sendo 17.196 alunos da educação infantil e 36.023 do ensino fundamental.

5. DISCUSSÕES, CONCLUSÕES E SUGESTÕES

Vimos então que a educação empreendedora na Educação Básica da Rede de Ensino Municipal de São José dos Campos é um caso raro em que o comprometimento político local assegura uma perspectiva de longo prazo através da aprovação de leis e decretos. Além da inserção da educação empreendedora no currículo das escolas municipais, a institucionalização da Feira do Jovem Empreendedor vem incentivando os esforços de todos os profissionais e alunos envolvidos nos programas, constituindo um marco na história do empreendedorismo de São José dos Campos.

Desde a primeira iniciativa, em 1999, muitas outras foram adicionadas e, desse modo, a educação empreendedora foi disseminada e alcança hoje todos os estudantes dessa rede, além de ser disseminada para todo o município. As atividades estão sob a coordenação do Centro de Educação Empreendedora (Cedemp), que supervisiona os programas e provê o suporte pedagógico. O referencial teórico comum que permeia todo o trabalho e os projetos realizados tem base na Pedagogia Empreendedora dos Sonhos (Dolabela, 2003), que prioriza a estimulação do componente motivacional – os sonhos dos alunos – e as ações subsequentes para realizá-los, bem como o Protagonismo Juvenil (Costa 2001).

É importante destacar que em todos os programas e iniciativas, os professores recebem a formação necessária e o material pedagógico a partir do qual as escolas constroem outros.

Ao examinar os programas e as iniciativas, pode-se concluir que de fato eles contribuem para o desenvolvimento de habilidades/competências como iniciativa, responsabilidade, criatividade, independência, autoconfiança, autonomia, resiliência e flexibilidade. Os alunos, sobretudo os mais novos, por meio de atividades lúdicas, aprendem a fazer fazendo e envolvem-se com projetos reais, entrando progressivamente em contato com todos os aspectos do empreendimento, além de ter a oportunidade de conhecer o mundo dos negócios.

Ao analisar a educação propiciada aos alunos, percebe-se que abarcam três objetivos recomendados pelos especialistas da EU (European Commission, 2002): conscientização do autoemprego como uma opção de carreira, desenvolvimento de competências pessoais e habilidades relacionadas com a iniciação de um negócio, e, de acordo com o Consórcio para a Educação Empreendedora, parece-nos que engloba os estágios 1) básico e 2) conscientização de competências (2004).

Os programas oferecidos possuem diferentes origens e representam diversas parcerias com: Junior Achievement Brasil, Sebrae–SP e AVT–BR (ligada à GTTP), além de outras parcerias com indústrias, organizações locais e voluntários. À medida que as iniciativas são disseminadas, todos os estudantes vão sendo contemplados por um programa ou outro. Em um futuro próximo, os estudantes que completarem o ensino fundamental terão sido expostos a uma sequência de experiências integradas, desde a educação infantil.

Os resultados quantitativos mostram o progresso das iniciativas, mas indicam apenas o total de alunos envolvidos, por isso o Cedemp tem como um de seus objetivos realizar um levantamento com ex-alunos para verificar qual o impacto dessa educação em suas vidas.

Por ora, podem-se apontar importantes evidências qualitativas: cinco prêmios Aldo Papone recebidos por equipes da cidade, crescimento da feira, que se tornou uma das maiores do gênero no Brasil, inauguração e funcionamento do Cedemp, equipado e com profissionais especializados.

Certamente esse caso preenche a maioria dos critérios definidos pelos especialistas da UE (European Commission, 2002), numerados a seguir: 1) representam uma prática existente; 2) seus programas possuem objetivos definidos; 3) os temas, as técnicas e o material são amigáveis e atrativos; 4) parecem ser passíveis de ser adaptados e transferidos; 5) têm uma perspectiva de longo prazo e sua sustentabilidade parece assegurada; 7) seguem o que se prescreve como sendo boas práticas, conceitualmente quanto a sua implementação; 9) é passível de melhorias.

Assim, apenas dois dos critérios não são atendidos: o que se refere aos resultados serem passíveis de avaliação e aquele em que os indicadores comprovam que os resultados superam a eficiência e efetividade de outras práticas. Nota-se, então, que ambos critérios não atendidos se referem a resultados, indicadores e avaliação. Até então, os resultados utilizados nesse caso são quantitativos.

Conforme enfatiza a Comissão Europeia (2006), para avançar na qualidade e até em direção à certificação dos programas de educação empreendedora, há que se implantar a cultura da avaliação de resultados, longitudinal, de forma independente e que envolva os representantes de todos os interessados. Dessa maneira, seria permitida a melhoria dos programas e das atividades, bem como a comparação com o mesmo tipo de programa (Jovens Empreendedores Primeiros Passos do Sebrae–SP) ou com similares promovidos no Brasil e em outros países. Com certeza, em se comprovando os resultados positivos, ganhar-se-iam mais argumentos para influenciar todos os interessados – diferentes níveis de governo, educadores, professores, familiares, empreendedores, empresas, ONGS, associações e comunidades, que podem contribuir para a expansão dessa educação em outras cidades e estados do Brasil.

REFERÊNCIAS

ACADEMIA BRASILEIRA DE VIAGENS E TURISMO – AVT-BR. Disponível em <http://www.avt.org.br>. Acesso em: abril de 2010.

CANADIAN FOUNDATION FOR ECONOMIC EDUCATION (CFEE). Disponível em http://www.cfee.org/cgi-bin/go.cgi?lang=en&file=/en/about.shtml. Acesso em: abril de 2010.

CONSORTIUM FOR ENTREPRENEURSHIP EDUCATION. *National content standards for entrepreneurship education.* 2004. Disponível em <http://www.entre-ed.org>. Acesso em: julho de 2006.

COSTA, A. C. G. *A presença da pedagogia: teoria e prática da ação socioeducativa.* São Paulo: Global Editora, 2001.

DA COSTA, A. C. M. B.; ALVES, M. T. e MARCONDES, P. M. "A contribuição da educação empreendedora de 1º grau para o planejamento do negócio".

2006. Monografia (Especialização em Planejamento e Finanças). Fundação Armando Álvares Penteado, São José dos Campos, 2006.

DOLABELA, F. *Pedagogia empreendedora: O ensino de empreendedorismo na educação básica voltado para o desenvolvimento social sustentável.* São Paulo: Editora de Cultura, 2003.

EWIN MARION KAUFFMAN FOUNDATION. Disponível em: http://www.kauffman.org>. Acesso em: abril de 2010.

EUROPEAN COMISSION. *Final report of the expert group best procedure project on education and training for entrepreneurship.* Bruxelas, 2002. Disponível em: http://europa.eu.int/comm/enterprise/entrepreneurship/support_measures/index.htm. Acesso em: julho de 2006.

______. *Final report of the expert group: education for entrepreneurship.* Bruxelas. 2004. Disponível em: http://europa.eu.int/comm/enterprise/entrepreneurship/support_measures/index.htm. Acesso em: julho de 2006.

_______. *Entrepreneurship education in europe: fostering entrepreneurial mindsets through education and learning. Conference final proceedings.* Bruxelas, 2006. Disponível em: <http://ec.europa.eu/enterprise/entrepreneurship/support_measures/training_education/oslo.htm>. Acesso em: novembro de 2007.

IBGE – INSTITUTO BRASILEIRO DE GEOGRAFIA E ESTATÍSTICA. *Rio de Janeiro. Cidades.* 2004. Disponível em <http://www.ibge.gov.br>. Acesso em: março de 2008.

ILO – INTERNATIONAL LABOUR ORGANIZATION. *Global Employment Trends 2010.*, 2010. Disponível em: http://ilo.org. Acesso em: março de 2010.

JUNIOR ACHIEVEMENT. Disponível em: <http://www.já.org>. Acesso em: abril de 2010.

LOPES, R. M. A. e MELLO, A. A. A. Reflections on the Current Stage of Entrepreneurship Education in Brazil. In: INTERNATIONALIZING ENTREPRENEURSHIP EDUCATION AND TRAINING CONFERENCE, IntEnt, 7, 2006, São Paulo, FGV, 2006.

LOPES, R. M. A. e TEIXEIRA, M. A. de A. The Case Study of São José dos Campos Public Primary Entrepreneurial Education: One of the Best Practices in Brazil. In: INTERNATIONALIZING ENTREPRENEURSHIP EDUCATION AND TRAINING CONFERENCE, Intent, 7, 2007, Gdansk, Polônia: University of Technology, 2007.

SECRETARIA MUNICIPAL DE EDUCAÇÃO. Centro de Educação Empreendedora. *Programa Jovens Empreendedores Joseenses.* São José dos Campos, SP. 2006.

UNESCO – Organização das Nações Unidas para a Educação, a Ciência e a Cultura. *Pronunciamento: empreendedorismo: um novo passo em educação*, 2004. Disponível em <http://www.unesco.org.br>. Acesso em: outubro de 2006.

CAPÍTULO 4

Educação empreendedora nas universidades brasileiras[1]

MARIA JOSÉ GUERRA
ZILÁ JOSELITA GRAZZIOTIN

1. OS PERCURSOS

Este capítulo nasceu do exercício diário das autoras com empreendedorismo em cursos de graduação em administração de empresas em instituições de ensino superior na Grande São Paulo. Esse exercício levou-as à necessidade de aprofundar as pesquisas sobre o tema e, principalmente, responder a uma inquietação: de que forma as IES brasileiras estão tratando o tema em seus cursos? Tudo isso levou à constituição de um grupo de pesquisa, a partir do qual tomaram contornos as primeiras discussões deste capítulo.

Há inúmeras pesquisas sobre o tema, mas o que tornava o trabalho cada vez mais desafiador é que o caso brasileiro, com toda sua riqueza de especificidades, ainda não mostra o aprofundamento essencial à reflexão crítica. Existe a falta de uma análise que leve em conta as particularidades que a realidade impõe.

---

[1] O levantamento bibliográfico e as pesquisas aqui apresentados foram inicialmente desenvolvidos pela professora Rosa Maria Villares e pela professora Zilá Joselita Grazziotin do Grupo de Educação Empreendedora.

Foi assim que se buscou, a princípio por meio da leitura dos clássicos da história brasileira – Gilberto Freire, Sérgio Buarque de Hollanda – e em textos de autores contemporâneos – Roberto DaMata e outros, o significado dos traços mais decisivos da cultura para compreender como o empreendedorismo encontrou formas de desenvolvimento no contexto do Brasil. Assim, foram analisados traços culturais – como a herança colonial – que, muitas vezes, não se convertem em fatores facilitadores na construção de uma mentalidade empreendedora, mas que, ao contrário, impedem a elaboração de uma perspectiva empreendedora mais ampla associada à realidade brasileira.

O objetivo é compreender como as ideias empreendedoras encontram eco nas IES e de que forma elas costumam ser trabalhadas com os alunos. Assim, o ponto de partida é a realidade brasileira, na qual estão inseridas as instituições responsáveis pela formação dos futuros empreendedores. Como aponta Mintzberg (2006), não se cria um empreendedor apenas numa sala de aula, mas é possível criar, em uma universidade crítica e criativa, profissionais com uma mentalidade empreendedora.

A universidade deve tomar para si o encargo de tecer uma rede de saberes inter-relacionados capazes de proporcionar ao aluno a busca da realização das utopias que levam a quebrar velhos paradigmas e destruir mitos que possam impedir o desenvolvimento de uma sociedade cidadã. De acordo com Mintzberg (2006), ao empreender o homem modifica a realidade para obter a autorrealização e oferecer valores para a coletividade.

São muitas as definições de empreendedor que se organizam, sobretudo, em torno de duas principais correntes: os economistas, que associam empreendedorismo a inovação; e os comportamentalistas, que ressaltam aspectos relacionados à atitude, como criatividade e intuição. Entre os economistas, as principais contribuições foram dadas por Cantillon (1755), Jean-Baptiste Say (1803) e Schumpeter (1934). Este foi um dos primeiros autores a relacionar com clareza os dois termos – inovação e empreendedorismo – e conceber o empreendedor como alguém que, com sua atividade empresarial, altera mercados, destruindo a ordem estabelecida e criando uma nova, diferente da anterior.

Em paralelo aos estudos dos economistas, há o grupo dos comportamentalistas, que se dedicam a identificar traços de personalidade e aspectos cognitivos dos empreendedores. Muitos são os autores, na atualidade, que estudam o tema sob esse ponto de vista comportamentalista. Não se chegou a um consenso preciso entre as duas correntes em torno de uma definição única de empreendorismo. Também não se chegou a um consenso satisfatório sobre suas características. No entanto, os estudiosos concordam que o empreendedor é uma pessoa que empenha toda sua energia na inovação e no crescimento, manifestando-se de diversas maneiras: criando sua empresa, desenvolvendo alguma coisa nova em uma empresa preexistente ou, ainda, dedicando suas atividades ao empreendedorismo social.

Uma atitude empreendedora deve ser compreendida não apenas tendo em vista uma pessoa de forma isolada, mas é necessário abranger o contexto cultural que a cerca. A questão cultural é tratada por Dolabela (1999a) no momento em que esclarece que o empreendedorismo é um fenômeno cultural, fruto de hábitos, práticas e valores do meio em que se vive.

> O espírito empreendedor é um potencial de qualquer ser humano e necessita de algumas condições indispensáveis para se materializar e produzir efeitos. Entre essas condições estão, no ambiente macro, a democracia, a cooperação e a estrutura de poder tendendo para a formação de rede. (Dolabela, 2003, p. 24)

É precisamente sobre a forma como esse "espírito empreendedor" encontra acolhida na sociedade brasileira que se está propondo refletir. Isso motivou a ir à procura de dados que fornecessem subsídios para mais discussões. A pesquisa aqui apresentada é fruto dessa necessidade. O levantamento de informações obtido por intermédio dos meios eletrônicos possibilitou entrar em contato com uma realidade instigante, na qual as IES brasileiras aparecem ainda tímidas quanto a contextualizar o empreendedorismo nas exigências das demandas mais urgentes do Brasil.

2. OS DESAFIOS BRASILEIROS PARA O SÉCULO XXI

Os desafios que o empreendedorismo impõe à educação formal nas Instituições de Ensino Superior (IES) convergem, em última análise, para um único ponto: o desafio da superação. Há uma estrutura sociopedagógica presente na história brasileira que necessita ser superada para que as inovações e a criação subjetiva – que se fundamenta no imaginário – possam contribuir para uma sociedade mais cidadã.

O empreendedorismo não está nas raízes da cultura nacional, marcadas pela história colonial. Desde o século XVII, as relações entre colônia e metrópole foram sempre pautadas pela subserviência à Coroa. Todo o bem público pertencia à realeza, e é nesse contexto histórico que temos o berço das relações de trabalho no Brasil.

As iniciativas, primeiro públicas, seguidas depois pelas privadas, foram sempre baseadas em dois aspectos fundadores: a presença da metrópole e, mais tarde, de um Estado normatizador e a ausência de uma ordem social democrática e competitiva, na qual prevalece a livre iniciativa adequada às demandas sociais. A herança colonial levou o país à profunda cisão social, de forma a definir segmentos herdeiros das relações entre colônia e metrópole.

No entanto, as dificuldades históricas que a população teve de enfrentar abriram caminho para que iniciativas, que fugissem desse velho padrão, fossem aparecendo como alternativas, muitas vezes de sobrevivência, para as relações de trabalho no Brasil. É nesse ponto que se instala uma contradição em nossos valores culturais e, justo em função dessa contradição, abre-se uma possibilidade empreendedora. Nota-se, então, que se por um lado nossa herança colonial nos limita, por outro, paradoxalmente, é essa limitação que, por sobrevivência, nos leva à categoria de empreendedores por necessidade.

São as relações sociais historicamente estabelecidas na sociedade que precisam ser superadas. As IES brasileiras, inseridas nesse contexto histórico, ainda partilham as bases conceituais condizentes com o antigo modelo que dá conta do que Aktouf (1996, p. 35) chama de "tendências tradicionais".

As IES brasileiras, fruto de uma cultura colonial, vão apenas reproduzir os modelos pedagógicos, ou seja, as concepções acadêmicas parecem ser constantemente guiadas por paradigmas oriundos de concepções educacionais importadas. É importante frisar que, mesmo apresentando currículos e programas que contemplem temas emergentes, o alicerce conceitual – a episteme – que conduz os pressupostos de análise ainda está baseado na perspectiva funcionalista norte-americana presente desde os anos 1920.

Os estudos efetuados pela Escola de Chicago, no início do século XX, marcaram definitivamente o pensamento norte-americano. Trata-se de estudo pioneiro sobre antropologia urbana. É a primeira vez que o homem urbano olha a si mesmo como objeto das próprias investigações, como objeto científico. A partir de então, estudos da Teoria da Administração e da Teoria da Comunicação embasaram suas propostas no trabalho desses pesquisadores pioneiros. Assim, o traço empírico, as dimensões quantitativas e a orientação pragmática (Mattelart, 2002) passaram a ocupar posição fundamental nas pesquisas. Inúmeras tendências surgiram, mas são só dentro de uma mesma esfera – a de concepção conceitual e ideológica.

Há, o que explicou a Escola de Frankfurt, uma racionalidade (Adorno, Benjamin et al, 1975) inquestionável, que exerce o papel de fundamento sobre o qual qualquer teoria de administração deva ser erguida. Desde as Escolas de Negócios europeias no século XVIII aos avançados cursos de MBA, a diretriz fundamental é sempre dada por uma racionalidade obrigatoriamente útil e subserviente à lógica dos valores socialmente estabelecidos. A razão, desde o Iluminismo, segundo os autores frankfurtianos, sempre esteve a serviço do salto mercantil em direção à sociedade globalizada de mercado.

É nesse contexto que as IES no Brasil estão situadas. Herdeiras diretas do funcionalismo americano incentivam, cada vez mais, uma racionalidade útil ao modelo neoliberal globalizado. Tudo está voltado para a inserção da empresa em mercados locais e globais e, do mesmo modo, para a inserção do estudante como uma das peças que fazem parte da engrenagem.

Tudo se passa como se o objetivo principal de qualquer formação acadêmica brasileira fosse criar apenas reprodutores de tecnologia importada – o que contraria qualquer perspectiva empreendedora. Há uma expectativa imposta pelo modelo político-econômico, tão bem representada pelos encontros de cúpula de Davos – reuniões de estadistas e de poderosas organizações oriundas de países ricos, organizados a cada ano na Suíça –, que pretende transformar o outro no mesmo, isto é, anular as diferenças e impor a reprodução de padrões culturais homogêneos que facilitem a circulação do capital globalizado. Behrens (2008, p.15), quando explica a questão latino-americana diante dos anseios neoliberais, mostra que:

> Aspectos do desempenho econômico da América Latina podem ser desconcertantes para o homem de Davos com raízes ibero-americanas. Mas as razões para esse fraco desempenho podem não tornar a visão ibero-americana completamente estúpida, como frequentemente está implícito. O desconcerto do homem de Davos com as raízes latino-americanas vem, principalmente, do dogma de Davos em medir o desempenho das estratégias de desenvolvimento ibero-americanas com padrões inadequados, pois o homem de Davos acredita que a América Latina deve se transformar em uma versão de fala espanhola ou portuguesa dos Estados Unidos.

Esse cenário político-econômico é um dos pontos mais importantes quando se tem o objetivo de abordar o empreendedorismo no Brasil. Trata-se de uma realidade que precisa ser também superada. Não há como analisar a formação dos gestores brasileiros desprezando as distorções que padrões de análise importados impõem; é preciso situar os modelos e padrões às necessidades presentes no Brasil. É também necessário que a formação do estudante brasileiro contemple uma base conceitual que abra o caminho para a análise e para a reflexão crítica adequadas aos padrões socioeconômicos.

A formação de novos gestores está ainda presa à visão utilitária e ávida por resultados imediatos, sem dimensionar uma perspectiva social mais abrangente e as possíveis consequências que certos projetos terão a médio e em longo prazos.

Assim, os novos gestores são preparados dentro de limites cada vez mais rígidos do utilitarismo. Isso aparece na realidade brasileira de uma forma paradoxal, pois, quanto mais os novos modelos em desenvolvimento organizacional exigem agilidade e criatividade, mais as regras político-econômicas dentro da organização tornam-se rígidas em função da manutenção de privilégios hierárquicos e de distribuição de renda diante das instabilidades que o mercado financeiro impõe. A criatividade é, de modo paradoxal, uma forma de não dar chance ao novo, mas ela está direcionada para que a organização mantenha-se sempre da mesma forma: visando privilégios e rentabilidade máxima para o capital investido. A lógica de mercado é soberana, e a criatividade é submissa a essa lógica. Tudo é permitido. Tudo é possível criar, menos o que fere os princípios do capital.

Para Aktouf (1996), o pensamento tradicional legitima privilégios hierárquicos, valoriza, seguindo a herança clássica, o trabalho intelectual, relegando aos trabalhadores o eterno papel de subserviência. Isso leva, no caso brasileiro, a uma autoimagem do trabalhador extremamente negativa e a uma contínua desvalorização que afeta sua formação e gera um eterno problema de qualificação profissional. Além disso, provoca também uma concentração de renda cada vez maior porque são, cada vez menos, aqueles que reúnem habilidades para participar da produção e, também, do mercado. Os trabalhadores são despreparados e sem qualificação real, são "sempre considerados antes de tudo como um custo e mantidos em situação de obediência e submissão estrita" (Aktouf, 1996, p.35). Esse é, com certeza, o cenário menos propício para uma educação empreendedora, mas, infelizmente, é o que ocorre nas relações de trabalho no Brasil.

O empreendedorismo apresenta-se também como forma de, por um lado, dar chance de mais pessoas ingressarem no mercado de trabalho, por meio da criação de novos empregos, fruto de atividades inventivas por parte dos empreendedores e, por outro lado, aumentar a arrecadação através de impostos e taxas das pequenas e médias empresas. Trata-se aqui, mais uma vez, da superação de uma antiga imposição socioeconômica, para que uma nova ordem e novos arranjos locais possam ser implementados.

Esses arranjos imprimem novas formações sociais, com modelos de interação inéditos que levam a diversas maneiras de cooperação mútua entre os agentes sociais. Tudo isso facilita o desenvolvimento do aprendizado coletivo e o processo de geração de inovações e contempla novas formas de inclusão social urgentes na realidade brasileira do terceiro milênio.

3. A MENTALIDADE EMPREENDEDORA

A mentalidade empreendedora exige criatividade, o que depende, antes de tudo, de uma educação que liberte. Mintzberg chama a atenção para o sentido que a educação deve comportar na formação de uma mentalidade criativa:

> Educação significa "mãos livres", do contrário não será educação. Tem que fornecer algo diferente – ideias conceituais que são literalmente *ir*realistas e *im*praticáveis, pelo menos parecem ser assim quando vistas de modo convencional. As

> pessoas aprendem quando *afastam suas descrenças* e passam a aceitar ideias desafiadoras que podem remodelar o seu pensamento. Educação é isso. (Mintzberg, 2006, p. 232.)

Nota-se, então, que a educação passa a estar comprometida com as inovações, com os novos arranjos que a dinâmica do mundo pós-moderno impõe. Mintzberg ainda alerta que uma mentalidade criativa se alcança por meio do equilíbrio entre a arte, a prática e a ciência, de forma que se faça coexistir a organização e a estruturação científicas com os processos de imaginação artística. É por intermédio desse diálogo entre a ordem científica e a liberdade criativa da arte que se buscarão novas perspectivas adequadas a uma educação empreendedora.

Filion contribui para essa discussão se detendo no modo de pensar empreendedor. Alerta para o fato de haver uma vasta pesquisa sobre empreendedorismo, mas que poucos pesquisadores se preocupam com esse modo de pensamento empreendedor e, principalmente, com o sistema de atividades do empreendedor que, além de definir novos contextos e formas de conduta condizentes com a resolução desses novos contextos, procura ampliar e deslocar o pensamento para novas formas de análise. O autor explica, dentro de uma perspectiva de abordagem cognitivista, que

> a essência do trabalho do empreendedor consiste em definir contextos, o que exige uma análise e imaginação, um equilíbrio entre as funções do lado direito e do lado esquerdo do cérebro. No entanto, nosso sistema escolar é concebido para aprender a dominar as questões analíticas, aquelas que estão ligadas ao lado esquerdo do cérebro. O estudante passa anos, do primário à universidade, numa relação quase de passividade com relação ao aprendizado. Dessa forma, ele evolui dentro de um sistema em que os pontos de referência foram tão bem estabelecidos que ele se sente inseguro no momento em que se encontra dentro de um sistema onde tudo não está claramente definido. (Filion, 1999, p.14)

A ordem global da pós-modernidade nos obriga a essa convivência com o novo, com o inusitado, e nos força a encontrar mecanismos de conduta nesses novos contextos. São essas exigências, tão bem dimensionadas por Filion, que tornam imprescindível que os antigos paradigmas da educação deem lugar à formação de uma mentalidade empreendedora.

Essa necessidade de mudança é sentida também pelas associações profissionais que agem como umas das instâncias reguladoras entre o saber universitário e o desempenho exigido pelo mercado. O Fórum de Educação Empreendedora, promovido em 14 de abril de 2005 pelo Conselho Regional de Administração de São Paulo, foi um evento cujo debate sobre o tema apontou aspectos significativos, como a urgência de implementar uma cultura empreendedora abrangente, de maneira a contemplar uma transdisciplinaridade que desenvolva competências empreendedoras básicas. Tal iniciativa do Conselho Regional de Administração de São Paulo é um exemplo desse novo tipo de preocupação, presente entre os profissionais de administração de empresas. Há a clara demanda por uma formação acadêmica que contemple também uma mentalidade empreendedora. O fórum apontou ainda para um modelo "tradicional cartesiano" que predomina na maioria de nossas IES e que compromete a adequação entre, por um lado, a realidade e as necessidades do ambiente e, por outro lado, a formação acadêmica do futuro profissional. O Fórum também chamou a atenção para a urgência do desenvolvimento de pesquisas para compreender melhor o entorno e as necessidades dos estudantes, para assim adequar os currículos e as metodologias para atender à complexidade do mundo atual com o qual os alunos se defrontam.

Uma educação empreendedora pede, assim, que sejam revistos os modelos de educação tradicional. O novo milênio apresenta novos desafios e, ainda de acordo com Filion (1999, p.13), "se persistirmos na utilização das mesmas ferramentas, continuaremos a encontrar os mesmos resultados", que serão com certeza inadequados às novas exigências.

4. O CASO BRASILEIRO: ALGUNS DADOS

Diante das questões discutidas, sentiu-se a necessidade de levantar dados sobre como o empreendedorismo é abordado pelos programas em faculdades e universidades brasileiras. Isso motivou uma investigação realizada no período de janeiro a maio de 2008, nas páginas da internet, a respeito de como as universidades tratam do empreendedorismo em seus programas e currículos.

A princípio, foram pesquisadas as instituições superiores de forma geral.[2] As bases gerais legais da educação superior no país são dadas pela Lei de Diretrizes e Bases da Educação Nacional, Lei n. 9.394, de 20 de dezembro de 1996. Os dados do ensino superior no Brasil pesquisados foram apresentados pelo Instituto Nacional de Estudos e Pesquisas Educacionais Anísio Teixeira (Inep) e referem-se ao Censo de 2006.

O Censo apontou que as IES estão distribuídas conforme a Tabela 1 a seguir:

Tabela 1 Dados do ensino superior no Brasil: Censo 2006

	Privadas	Públicas	Total
Centros Universitários	143	42	185
Faculdades	1.912	124	2.036
Universidades	86	91	177
Total Geral	2.141	257	2.398

Fonte: Elaborada pelas autoras com base nos dados do Inep.

Desse total de IES, a distribuição por região indicava que 10,42% encontravam-se no Centro Oeste, 17,76%, no Nordeste, 6,01%, no Norte, 48,87%, no Sudeste e 16,64%, no Sul.

---

[2] A pesquisa foi feita nas páginas da internet, site: htp://pt.wikipedia.org/wiki/Lista_de_institui%C3%A7%C3%B5es_de_ensino_superior_do Brasil. Acesso em maio de 2008.

Os cursos de graduação presencial totalizavam 21.795, destes 17,11% eram cursos de comércio e administração; e do total geral dos cursos de graduação, 15.141 (69,47%) eram particulares e 6.654 (30,53%) eram públicos.

O número de matrículas na graduação apresentou um crescimento total de 6,6% de 2005 para 2006. Foram 4.883.852 jovens matriculados em 2006. Nos cursos presenciais, o aumento foi de 5%. Já o ensino a distância cresceu 315% no período, com crescimento de 571% entre 2003 e 2006. Trata-se aqui de um dado de extrema importância para as perspectivas de uma educação empreendedora, pois não há como virar as costas para um crescimento tão significativo da educação a distância no contexto brasileiro. Os caminhos da mentalidade empreendedora passarão, com certeza, pelo ensino não presencial.

Quanto ao quadro de professores, os principais destaques do Censo são: 63,4% do total de professores com doutorado no País atuam nas IES públicas, representando 41,8% do quadro docente. Já no setor privado, os doutores são apenas 12,2% do quadro de professores. As instituições federais do ensino superior têm a melhor relação doutor/aluno (1 para 22,8) e as IES particulares têm a pior (1 para 178,9).

Os dados do Censo mostram que houve um aumento no número de brasileiros com acesso à formação superior, mas isso não significa que as IES estejam mais preparadas para recebê-los. Um dos dados que apontam para essa deficiência é o fato de que os docentes portadores do título de doutor ainda não chegam à marca de 50% nas IES privadas. Mesmo levando em conta que esse número satisfaz às exigências mínimas legais dos órgãos federais de controle, há nas IES públicas um número mais elevado de professores-doutores, com mais experiência nas práticas acadêmico-científicas e com isso mais preparo para lidar com os desafios acadêmicos diários. Isto revela um dos indicadores que mostram o melhor preparo das instituições públicas para enfrentar questões pedagógicas de forma mais ampla e que acaba por se tornar também um fator importante para o desenvolvimento de uma educação empreendedora.

Cabe aqui destacar que a maneira como se dá a formação acadêmica do estudante brasileiro está ligada ao modo como o jovem chega às organizações para iniciar as atividades profissionais. A formação universitária desse jovem é o alicerce sobre o qual serão erguidos os conceitos mestres responsáveis pelo desempenho de cada um deles no cotidiano das empresas.

Uma educação empreendedora requer uma estrutura acadêmico-pedagógica que forneça um repertório de leituras capaz de abrir os caminhos para que novas ideias possam ser articuladas. Esse tipo de proposta pedagógica é indispensável para o contexto no qual o empreendedorismo deve ser semeado no dia a dia das universidades.

A observação dos dados apresentados sobre o contexto geral das universidades possibilitou situar, com um pouco mais de clareza, a conjuntura a partir da qual as bases de uma educação empreendedora devam ser construídas. Assim, olhou-se com um pouco mais de atenção para a questão específica do empreendedorismo, o que motivou a prosseguir as investigações. Essa etapa da pesquisa foi feita também por meio da internet, junto com as IES públicas e privadas, para conhecer quais as que estavam ministrando, em seus cursos, a disciplina de empreendedorismo, qual a abrangência, com que bibliografia e quais as principais práticas pedagógicas utilizadas.

A forma de pesquisa consistiu em acessar e consultar uma amostra aleatória de 20% das IES privadas e 50% das IES públicas, isso porque há mais dados disponíveis na internet sobre as instituições públicas do que sobre as privadas. Nessa consulta, foram verificados os portais e/ou sites de cada universidade, centro universitário ou faculdade. Para 35% delas foi enviada uma mensagem para o acesso "fale conosco" ou para o acesso "ouvidoria" com identificação e explicação dos objetivos da pesquisa, solicitando o plano de ensino da disciplina. Não foram recebidas respostas. Isso revela uma comunicação ineficiente diante das questões que envolvem dados do universo acadêmico. Sendo assim, as informações aqui relatadas foram obtidas com base só nos dados que já estavam disponíveis nos sites das IES, pois não foi possível acrescentar nenhuma nova informação pelo contato eletrônico.

Foram pesquisadas, como mostra a Tabela 2, 115 IES públicas (que representam 44,75% das 257 IES do Censo de 2006) e 401 privadas (que representam 18,73% das 2.141 IES). Os endereços eletrônicos das instituições investigadas, mais uma vez, demonstraram problemas na comunicação, pois as informações disponíveis, na maioria dos casos, são incompletas e apresentadas de maneira pouco esclarecedora.

Tabela 2 Total de IES pesquisadas

Número de IES	Privadas	Públicas	Total
	401	115	516

Fonte: Elaborada pelas autoras com base nos dados pesquisados nos sites das IES.

Os dados consultados apontam para maior presença da disciplina empreendedorismo (ver Tabela 3) em cursos nas IES públicas pesquisadas (32,17%) do que nas IES privadas pesquisadas (11,47%). Além dos cursos de administração de empresas e respectivas habilitações, há também a presença dessa disciplina em cursos como engenharia, computação, turismo, comunicação social, fonoaudiologia e educação física. Do total de cursos pesquisados, apenas 16% deles oferecem a disciplina empreendedorismo. Os números estão apresentados na Tabela 3.

Tabela 3 Oferta da disciplina empreendedorismo nas IES pesquisadas

Cursos	Privadas	Públicas	Total
Administração de Empresas	17	22	39
Habilitações em Administração	6	1	7
Outros Cursos	23	14	37
Total Geral	46	37	83

Fonte: Elaborada pelas autoras com base nos dados pesquisados nos sites das IES.

Constata-se, então, que o tema empreendedorismo já não está apenas restrito ao universo dos cursos de administração de empresa: do total de cursos que oferecem a disciplina, 44,60% são de outras áreas. Nota-se, assim, que outras disciplinas começam a compreender que a educação empreendedora desempenha um papel relevante na formação educacional do profissional da pós-modernidade, principalmente em cursos de áreas mais relacionadas às novas tecnologias. Crê-se que, por causa das rápidas alterações ocorridas no mercado de trabalho – que atingem todos os segmentos – e do aumento de percepção da importância dos pequenos negócios no cenário globalizado, cada vez mais cursos percebem a urgência de incluir o tema empreendedorismo na formação de seus alunos.

Na bibliografia dos programas que contemplam o empreendedorismo, são dois os autores mais citados: Fernando Dolabela e José C. A. Dornelas. Em menor escala são encontrados L. J. Filion, R. J. Degen, P. Drucker, R. Hisrich e M. Peters. Isso implica uma abordagem muito próxima, porque a base bibliográfica está assentada sobre autores com o mesmo tipo de enfoque.

Observa-se, assim, que se estabelece uma contradição: mesmo que se trate de um tema – como é o caso do empreendedorismo – de natureza criativa, polêmica e inovadora, vinculado às novas ideias, a herança da repetição de modelos se torna presente. As fontes bibliográficas se sucedem sem que a pluralidade de pontos de vista e o debate se tornem fatores decisivos na formação do estudante.

A carga horária da disciplina é, em média, de 60/72 horas. Está inserida entre o quarto e o sétimo semestres do curso. Em poucos cursos, a disciplina é optativa ou eletiva, predominando a obrigatoriedade.

O nome dado à disciplina também foi analisado. Na maioria dos casos, a palavra empreendedor/empreendedorismo vem acompanhada de termos como inovação, práticas gerenciais, criatividade, plano de negócio e elaboração de projetos. Isso indica que a associação de outros conceitos ao tema é formulada de maneira diversa nos vários cursos, enfatizando cada qual a relação conceitual que lhe convém.

Os conteúdos abordados são variados: o perfil, as características do empreendedor, as atitudes e as competências necessárias aos empreendedores são temas presentes em todos os programas. O plano de negócios é tratado pela metade das instituições em que a disciplina é oferecida. No entanto, a metodologia de ensino empregada não está explicitada nos sites consultados, o que não possibilita uma compreensão mais detalhada de como tanto o plano de negócios quanto outros tópicos do programa são desenvolvidos durante os cursos. Outros temas abordados são: criatividade, inovação, consórcio de exportação, incubadora de negócios, cooperativismo e intraempreendedorismo. Com menor frequência são estudados franquia, empresa familiar, redes de pequenas empresas e legislação inerente.

Nesse panorama, tem-se que as IES públicas estão dispensando mais recursos de aprendizagem aos seus alunos no que diz respeito à formação empreendedora, embora ainda tratem o assunto de forma compartimentada. Elas, além de estar espalhadas por todo o Brasil, apresentam o tema empreendedorismo em um terço do total dos cursos pesquisados, o que não ocorre com as instituições privadas, em que há a abordagem desse tema. Observa-se, assim, que as instituições públicas dedicam maior atenção ao assunto empreendedorismo e à formação de empreendedores.

5. ESTRATÉGIAS PEDAGÓGICAS NA CONSTRUÇÃO DA MENTALIDADE EMPREENDEDORA

A universidade, ao se dispor a apostar no empreendedorismo, deve fazê-lo de forma aliada, harmonizada e transversal. O assunto não é para ser discutido apenas em uma disciplina isolada e muito menos entre as quatro paredes da sala de aula. Ele deve ser vivenciado com intensidade por todos, em todas as direções. O professor deve levar para a sala de aula o tema de forma integrada às outras disciplinas, à instituição e à comunidade. Cabe a todos os professores a responsabilidade de fazer com que os alunos sejam estimulados a pensar e agir com uma mentalidade empreendedora. A sala de aula, cada vez mais, tem de se transformar em laboratório de conhecimento. O assunto empreendedorismo deve ser tratado em todos os cursos e em todos os níveis. A dinâmica ambiental em que as organizações estão inseridas não permite mais que os empreendedores individuais administrem da mesma forma que faziam no passado. As IES devem criar condições para que o aluno possa se desenvolver e incorporar as habilidades necessárias do complexo e disputado mundo de negócios em que vivemos.

A visão pedagógica abrangente que essa formação integrada exige é interdisciplinar e participativa, mas isso ainda não está presente nas universidades brasileiras. Há uma estrutura de ensino compartimentada e superespecializada que domina nossas salas de aula. O professor é, sobretudo nas universidades privadas, contratado por hora-aula, o que o mantém vinculado, de forma econômica e jurídica, a sua disciplina específica, em prejuízo da dinâmica integrada que a condução do curso exige. O professor é peça-chave na construção de uma mentalidade empreendedora e, como se sublinha, isso não é contemplado com seriedade na estrutura acadêmica, cujo princípio estruturante está na solidão da docência, cada qual com sua disciplina.

Entretanto, muitos programas de empreendedorismo, de acordo com Kuratko (2004), têm começado e tido sucesso por iniciativa de apenas um professor. Entre o conjunto do corpo docente, há um solitário que se destaca, e é justo esse solitário que vai impulsionar e fazer nascer uma mentalidade empreendedora.

Muitos falam que inúmeros programas são dependentes da direção e determinação de uma só pessoa; mas isso traduz a força empreendedora, a força que faz romper velhas estruturas. A coragem e a paixão de pessoas que têm desenvolvido cursos, programas, centros, que estão agora começando a ter raízes em nossas universidades, são um tributo real à emoção que existe no campo do empreendedorismo. "O poder de um fazendo a diferença é mais aparente no campo do empreendedorismo do que em qualquer outra disciplina acadêmica." (Kuratko, 2004, p. 11)

Dessa forma, uma mentalidade empreendedora deve ser construída com base na dimensão subjetiva do indivíduo. A formação do estudante deve levá-lo a assumir o papel de sujeito pleno, conciliando as complexas relações entre o racional e o sensível, presentes na constituição de uma subjetividade também cidadã. O sujeito deixa, assim, de ser o sujeito do eu e passa a ser o sujeito do nós, da convivência harmoniosa na pólis. É preciso que o exercício da aprendizagem comporte essa compreensão das interações sociais como a confluência de vários olhares, nem sempre contratuais, mas muitas vezes antagônicos. Tudo isso implica uma dinâmica pedagógica que não se limite à solidão das disciplinas isoladas.

As IES têm de incentivar e promover a interdisciplinaridade para que as questões voltadas ao empreendedorismo sejam contempladas em todas as disciplinas, por todo o corpo de professores. Pouco adianta ter como proposta pedagógica o desenvolvimento de empreendedores se não houver uma forte, constante e duradoura vontade e atuação de todos, desde a cúpula. A quebra de paradigma é difícil, a cultura tradicional está muito arraigada em nossa sociedade. Por isso, tem de haver o sério e decidido envolvimento de toda a instituição para romper esse entrave. Não se pode esquecer que uma universidade com uma mentalidade empreendedora só é possível com direção e professores de mentalidade empreendedora. São os homens que fazem as instituições, por isso é preciso "educar os educadores". Como mostra Morin (2000, p. 101), é preciso haver um grupo de educadores "animados pela fé na necessidade de reformar o pensamento e regenerar o ensino".

Edgard Morin (2000, p. 21) chama a atenção para uma ideia já presente em Montaigne: "Mais vale uma cabeça benfeita do que uma cabeça bem cheia." Mostra, assim, que uma cabeça na qual o saber é apenas acumulado não dispõe de um princípio de seleção e reordenamento que dê margem à criatividade. Vê-se que, como educadoras de milhões de jovens, as IES têm enorme responsabilidade de semear uma mentalidade criativa. Criatividade e empreendedorismo mantêm uma interface íntima. A criatividade é condição necessária para a formação de uma mentalidade empreendedora. Não há atitude empreendedora que não tenha nascido do ato criativo. Criar e ordenar novos arranjos com base em um repertório cultural é um exercício intelectual essencial à atividade empreendedora. É decisivo que a universidade forneça esse repertório cultural rico o suficiente para sustentar as novas possibilidades que surgem no ato criativo. A cultura empreendedora possibilita uma formação que contempla a criatividade e abre caminho para novas e mais corajosas soluções.

Morin (2000) ressalta que "o desenvolvimento da aptidão para contextualizar e globalizar os saberes torna-se um imperativo da educação." (p. 24); mas, para que se possa dar conta de tal tarefa, é urgente ter em vista a complexidade dos objetos da pós-modernidade, cuja compreensão só é possível se forem ultrapassados os limites das disciplinas isoladas, transformando os princípios organizadores do conhecimento. Tem-se, então, que uma mentalidade empreendedora, a partir da qual se impõe uma nova forma de pensamento, obriga, irremediavelmente, a uma reforma da própria universidade, na qual, entre outras exigências, o incentivo à criatividade e à interdisciplinaridade ocupa um lugar decisivo.

As várias disciplinas existem porque nenhum ramo do conhecimento é tão abrangente que possa abarcar toda a profundidade da natureza humana. Entretanto, como nos mostra Chanlat (2000, p. 64), o problema não é a existência das várias disciplinas com seus métodos e objetos específicos, mas o reconhecimento do direito da necessidade de circulação e entrelaçamento dos saberes produzidos pelos vários recortes epistemológicos. Essa circulação do conhecimento deve ser assumida como um ponto central nas Ciências Sociais e, em especial, quando se tem em vista a formação de uma mentalidade empreendedora.

O curso de administração de empresas, por ser um curso de Ciências Sociais Aplicadas tem, pela própria gênese, essa natureza interdisciplinar. As organizações são organismos sociais nos quais convivem a cultura (e o enfoque Antropológico), a política (a abordagem da Ciência Política), as interações sociais (o ponto de vista sociológico), a riqueza e o gerenciamento do patrimônio (a análise econômica e a análise contábil), os indivíduos e o peso de cada subjetividade (portanto, o enfoque da Psicologia) e tantas outras perspectivas das Humanidades.

É na concretude do cotidiano organizacional que se materializam as múltiplas determinações da vida em sociedade, impondo, assim, a presença de diversos olhares provenientes das variadas disciplinas. A mentalidade empreendedora não pode abrir mão da compreensão dessas faces das organizações, o que só é possível se for resgatada essa visão globalizante própria da natureza organizacional. Como destaca Filion (1999, p. 8):

> O empreendedorismo tem a particularidade de reunir ideias oriundas de especialistas das ciências humanas e administrativas, criando intercâmbios inusitados. Essas contribuições das diversas áreas do conhecimento permitem vislumbrar intercâmbios extremamente férteis e criativos.

Essa presença multidisciplinar é também ressaltada por Mintzberg (2006, p. 359) quando analisa a questão das relações entre teoria e prática nos cursos de administração. O autor frisa a necessidade de dar ao aluno muito mais uma base sólida de disciplinas das Humanidades do que trabalhar com objetos práticos diante da pouca experiência profissional do jovem estudante. Além disso, e de modo apropriado, salienta o fato de que "mais importante do que qualquer disciplina específica é a disciplina de saber pensar, e isso pode vir de uma base séria em qualquer campo sério da investigação".

As IES precisam assumir o papel de agentes de mudança educacional, o que levará, obrigatoriamente, a uma mudança na cultura da subserviência, infelizmente, tão presente no Brasil. Trata-se, mais uma vez, de uma forma de superar uma das mais polêmicas questões de nossa cultura: a herança colonial, que traz como um de seus traços característicos a reprodução de modelos preexistentes, que origina uma constante dependência da importação de tecnologia estrangeira e exige sempre uma readaptação aos moldes nacionais.

Há, portanto, a necessidade de superar paradigmas para a construção de uma mentalidade empreendedora capaz de enfrentar os velhos modelos coloniais. Cabe à sociedade brasileira quebrar velhos conceitos e, em especial, às IES, aos seus proprietários, diretores, corpo docente e discente trabalhar para a construção de uma nova ordem social.

As IES devem promover o desenvolvimento da cultura empreendedora interna e externamente, desenvolvendo as pessoas e a comunidade em geral, oferecendo cursos e treinamentos, desenvolvendo projetos de pesquisa em inovação e empreendedorismo, tanto de negócios quanto social. Deve-se incentivar o apoio para projetos empreendedores dos alunos e da comunidade em seu entorno, ajudando a cumprir um de seus objetivos sociais, que é estimular a melhora da qualidade de vida e o aumento e a distribuição da riqueza.

6. CONSIDERAÇÕES FINAIS

A discussão sobre o tema empreendedorismo e realidade brasileira e sobre a questão da abordagem científica na formação empreendedora do estudante é um esforço não só para administradores, mas para todo o ensino superior do Brasil. Trata-se de um tema transversal que perpassa a formação, e não apenas a capacitação técnica do aluno de nossos cursos de graduação e pós-graduação. Há a necessidade de que uma grande reflexão seja construída por meio dos diversos olhares das Ciências Humanas e Sociais sobre o caso brasileiro, apontando nossas particularidades sociais. É necessária a construção de um *ethos* empreendedor do Brasil. Tem-se, dessa forma, nessa construção, uma tripla tarefa empreendedora: primeiro, criar uma identidade para si, isto é, como é e o que é ser empreendedor no Brasil; segundo, qual é o trabalho empreendedor a ser desenvolvido no Brasil, qual é a necessidade brasileira a ser assistida pelo caráter empreendedor; e, por fim, qual o papel da universidade nessa construção. Há, dessa forma, urgência de uma proposta crítica, que abre caminho para que se levem em conta os problemas sociais, políticos e econômicos das universidades brasileiras.

A sociedade brasileira enfrenta as raízes tradicionais da história colonial latino-americana e, em especial no Brasil, ainda somamos a essa tradição colonial a tradição sebastianista portuguesa. Há, nesse contexto, o eterno esperar do brasileiro por um "salvador da pátria". Enfrentar esse tipo de herança é superar um modelo tradicional e criar novos arranjos produtivos adequados às exigências das novas relações do mundo contemporâneo. Uma mentalidade inventiva, ousada e crítica constitui um dos pilares que podem sustentar a construção de uma sociedade mais justa nessa ordem social do terceiro milênio. As universidades brasileiras não podem abrir mão da formação crítica e criativa que a discussão sobre o empreendedorismo proporciona em todos os programas acadêmicos.

É preciso ter em vista que os estudantes de graduação tendem a ser criativos e vigorosos. Isso os leva a ser mais voltados para o empreendedorismo, o que indica que a educação deve estar baseada em conceitos e ideias para que a criatividade possa fluir. Cabe ao professor incentivar, e não cercear essa criatividade.

A descoberta de um mundo empreendedor é uma aventura da criatividade, uma aventura necessária não só para aqueles que se envolvem com o empreendedorismo propriamente dito, mas para todos aqueles que estão engajados na construção de uma sociedade mais cidadã. Os jovens estudantes encontram na educação empreendedora uma forma de enfrentar as desigualdades do mundo contemporâneo, seja como forma de distribuição de renda, de inclusão social ou de buscar novas soluções para a nova dinâmica social da pós-modernidade. O espírito empreendedor não pode abrir mão da inovação, da criatividade, da imaginação e, sobretudo, da posição de sujeito que o empreendedor é obrigado a assumir. O empreendedor é sempre o sujeito do processo, cabe a ele o papel de agente transformador de uma sociedade repleta de contradições e injustiças para que se criem novos mecanismos de justiça social, bem como novas alternativas para o desenvolvimento econômico, o que só será alcançado se houver uma universidade capaz de abrir horizontes para a "cabeça benfeita".

O empreendedorismo ultrapassa os limites da eficácia administrativa nas organizações e torna-se fator decisivo em vários aspectos da vida social. Entretanto, para que esses e outros aspectos sejam compreendidos e dimensionados socialmente, é preciso frisar a questão educacional como fundadora. Do ponto de vista da educação, há a necessidade de uma política educacional competente, implementada pelas autoridades de ensino, e de professores preparados, com formação profissional sólida e condições de trabalho condizentes com os novos modelos em educação.

REFERÊNCIAS

ADORNO, T. W.; BENJAMIN, W. et al. *Os pensadores*. São Paulo: Abril, vol. XLVIII, 1975.

AKTOUF, O. *A administração entre a tradição e a renovação*. São Paulo: Atlas, 1996.

ALMEIDA, C. A. *A cabeça do brasileiro*. Rio de Janeiro: Record, 2007.

BARON, R. A.; SHANE, S. A. *Empreendedorismo: uma visão do processo*. Tradução de All Tasks. São Paulo: Thompson Learning, 2007.

BARROS, B. T. de; PRATES, M. A. S. *O estilo brasileiro de administrar*. São Paulo: Atlas, 1996.

BEHRENS, Al. *Cultura e administração nas Américas*. São Paulo: Saraiva, 2008.

CHANLAT, J. F. *Ciências sociais e management*. São Paulo: Atlas, 2000.

CHAUI, M. *Escritos sobre a universidade*. São Paulo: Unesp, 2001.

CRASP – Conselho Regional de Administração de São Paulo. Fórum de educação empreendedora: resultados gerais, 2005. Disponível em: http://www.crasp.com.br/convivencia/ctmc/Geral%20NIES.htm. Acesso em: junho de 2008.

COPE, J. "Toward a dynamic learning perspective of entrepreneurship". *Entrepreneurship: Theory and Practice*. 29.4 (July 2005):373(25).

DAMATTA, R. A. *Carnavais, malandros e heróis.* Rio de Janeiro: Rocco, 1997.

DE KLERK, G. J.; KRUGER, S. *The driving force behind entrepreneurship: a exploratory perspective.* Disponível em: http://www.kmu.unisg.ch/rencontres/band2002/F 04 dekjerk.pdf. Acesso em: 29 set. 2008.

DOLABELA, F. *Pedagogia empreendedora.* São Paulo: Editora de Cultura, 2003.

_____. *O segredo de Luísa.* São Paulo: Cultura Editores Associados, 1999a.

_____. *Oficina do empreendedor.* São Paulo: Cultura Editores Associados, 1999b.

ENVICK, B. R.; PADMANABHAN, P. "A 21st century model of entrepreneurship education: overcoming traditional barriers to learning". *Journal of Entrepreneurship Education,* v. 9, Entrepreneurship, p. 45, 2006

FAYOLLE, A. *Ensinando o empreendedorismo: definições operacionais de seus papéis na sociedade.* Paper in ICSB 1998 Conference: Singapore International Council for Small Business. Traduzido e adaptado por: Jovino Moreira da Silva. Disponível em: www.uesb.br/sheng/9.pdf. Acesso em: abril de 2008.

FILION, L. J. *O empreendedorismo como tema de estudos superiores.* Conferência feita no evento *A Universidade Formando Empreendedores, CNI-IEL Nacional, Brasília,* 1999. Disponível em http://www.iel.org.br/programa/empreend/discurs4hlml. Acesso em: março de 2008.

_____. *From entrepreneurship to entreprenology.*1998. Disponível em: http://www.usasbe.org/conferences/1997/Proceedings/papers/P207Filion.PDF. Acesso em: abril de 2008.

FILION, L. J. e DOLABELA, F. *Boa ideia! E agora?* São Paulo: Cultura Editores Associados, 2000.

FIORRI, J. L.; TAVARES, M. da C. *Poder e dinheiro.* Rio de Janeiro: Vozes, 1997.

GUIMARÃES, L. O. *Empreendedorismo no currículo dos cursos de administração: uma análise da organização didático-pedagógica.* E&G Economia e Gestão, Belo Horizonte, v. 2 e 3, n. 4 e 5, p. 78-95, dez. 2002/jul. 2003.

HARRISON, R. T. e LEITCH, C. M. "Entrepreneurial learning: researching the interface between learning and the entrepreneurial context". *Entrepreneurship: Theory and Practice,* 29.4: 351(21), jul. 2005.

HISRICH, R. D.; PETERS, M. P. *Empreendedorismo.* Tradução de Lene B. Ribeiro. Porto Alegre: Bookman, 2004.

HOLANDA, S. B. *Raízes do Brasil.* São Paulo: Companhia das Letras, 1997.

INEP – INSTITUTO NACIONAL DE ESTUDOS E PESQUISAS EDUCACIONAIS ANÍSIO TEIXEIRA, INEP/MEC DIVULGA NOVOS DADOS DA EDUCAÇÃO SUPERIOR. Dez. 2006. Disponível em: http://www.inep.gov.br/imprensa/notícias/censo/superior/news06 02.htm. Acesso em: junho de 2008.

KURATKO, D. F. "A tribute to 50 years of excellence in entrepreneurship and small business". *Journal of Small Business Management*, v. 44, n. 3, Entrepreneurship, p. 483, jul. 2006.

_____. "The emergence of entrepreneurship education: development, trends and challenges". *Entrepreneurship: Theory and Practice*, p. 577-597, set. 2005.

_____. *Entrepreneurship education in the 21st: from legitimization to leadership*. A Coleman Foundation White Paper, USASBE National Conference, 2004. Disponível em: http://www.sbaer.uca.edu/Research/usasbe/2004/pdf/01.pdf. Acesso em: março de 2008.

LOPES, R. M. A. e MELLO, Á. A. A. "Referenciais para refletir sobre a educação empreendedora nas IES brasileiras". In: CONGRESSO DE ADMINISTRAÇÃO DA ESPM, II, 2005, Rio de Janeiro. Anais do II Congresso de Administração da ESPM. Amatucci, M et al. (Org.). Publit: Rio de Janeiro, 2005. p. 433 – 460.

MARS, M. M. "The diverse agendas of faculty within an institutionalized model of entrepreneurship education". *Journal of Entrepreneurship Education*. vol. 10, p. 43, Cullowhee: 2007.

MATTELART, A. e MATTELART, M. *História das teorias da comunicação*. São Paulo: Loyola, 2002.

MINTZBERG, H. *MBA, não, obrigado!* Porto Alegre: Bookman, 2006.

MORIN, E. *A cabeça benfeita*. Rio de Janeiro: Bertrand Brasil, 2001.

PFEFFER, J. e FONG, C. T. "The end of business schools? Less success than meets the eys". *Academy of Management Learning & Education,* vol.1, n. 1, set. 2002.

POLITIS, D. "The process of entrepreneurial learning: a conceptual framework". *Entrepreneurship: Theory and Practice*. 29.4 (July 2005): 399(26).

WEST, G. P. III; BAMFORD, C E. e MARSDEN, J. W. "Contrasting entrepreneurial economic development in emerging Latin American economies: applications and extensions of resource-based theory". *Entrepreneurship: Theory and Practice*. 32.1 (Jan 2008): 15(22).

CAPÍTULO 5

Universidade empreendedora: Conceito em evolução, universidade em transformação

LÚCIA RADLER DOS GUARANYS

1. INTRODUÇÃO

Este capítulo tem como objetivos a discussão da origem e evolução dos conceitos relacionados à universidade empreendedora, a proposta de um conceito abrangente de universidade empreendedora e o estudo de caso da Pontifícia Universidade Católica do Rio de Janeiro (PUC–Rio) em sua trajetória de evolução de uma "universidade de pesquisa" em direção à "universidade empreendedora".

Este capítulo é fruto da tese de doutorado "Interação Universidade Empresa e a Gestação de uma Universidade Empreendedora: A Evolução da PUC–Rio", que foi apresentada pela autora à Área Inovação Tecnológica e Organização Industrial do Programa de Engenharia de Produção da Coppe/UFRJ em 2006.

Nesse período, após a defesa da tese, foram revisados e atualizados o conceito de "universidade empreendedora", assim como informações sobre as unidades estudadas.

2. UNIVERSIDADE EMPREENDEDORA: ORIGEM E CONCEITOS

A universidade teve seu início na Idade Média, tendo como missão a preservação e transmissão do conhecimento, isto é, sendo caracterizada pelo ensino, ou seja, a preparação de graduados para obter empregos. A universidade clássica, baseada no conceito de ensino fundamentado em pesquisa e na educação humanística mais abrangente, teve seu início com a Universidade de Berlim, fundada por Wilhelm von Humboldt, em 1810. Esse modelo humboldtiano continua a ter influência até os dias atuais (OECD, 1998).

No final do século XIX e início do século XX, houve a primeira revolução acadêmica, quando a pesquisa se tornou uma função legítima da universidade. A universidade de pesquisa caracterizou-se como um novo formato que tinha duas atividades – ensino e pesquisa – realizadas muito próximas. Os professores/pesquisadores tiveram que buscar financiamento externo à universidade para suas pesquisas (Etzkowitz, 2004).

O papel da universidade como uma liderança na pesquisa alcançou essa nova dimensão quando as universidades incluíram o conhecimento científico e tecnológico em seu currículo. A partir de então, a universidade focou suas atividades na pesquisa básica, uma pequena parte na aplicada e muito pouco em desenvolvimento. Assim, a missão e os valores da universidade clássica eram relacionados com a economia e o emprego dos graduados. Os temas de ensino e pesquisa eram definidos através de sua inserção nas disciplinas, e não visando soluções para os problemas práticos ou necessidades da indústria e da sociedade. A liberdade dos acadêmicos de formular questões e disseminar os resultados tem sido a ideia básica da autonomia universitária (OECD, 1998).

A universidade moderna surgiu no século passado, nos anos 1970, e se distingue da anterior por ter uma visão de servir à comunidade. Nesse novo modelo, a pesquisa e o ensino estão mais voltados para a aplicação de conhecimento em soluções de problemas sociais, econômicos, industriais etc. e há a preocupação com o emprego dos seus graduados.

A universidade moderna tem uma abordagem de mercado – os estudantes são consumidores que querem competências e habilidades certificadas através de diplomas.

A pesquisa na universidade moderna passa a ser financiada através de contrato, e são estabelecidas relações mais estreitas com a indústria. A satisfação dos consumidores, isto é, produção eficiente e de qualidade de graduados e de serviços de pesquisa, é o valor principal desse modelo de universidade. Tanto a universidade clássica quanto a moderna compõem o que chamamos de universidade de pesquisa.

A segunda revolução acadêmica se caracteriza pela inclusão de uma nova missão na universidade de desenvolvimento econômico e social, além do ensino e da pesquisa. A OCDE (1998) apresenta essa terceira missão como de serviço à comunidade. Nas sociedades intensivas em conhecimento, essa missão transforma a universidade em centros de educação continuada, assim como em centros de serviços científicos na forma de transferência de tecnologia para o setor produtivo. Também são consideradas elementos importantes nas estratégias de desenvolvimento regional. Para Etzkowitz (2004), a terceira missão é de desenvolvimento econômico e social, e sua inclusão torna a universidade empreendedora. A habilidade da universidade de transformar conhecimento em atividade econômica é a premissa da universidade empreendedora (Etzkowitz, 2003b).

Röpke (1998), em seu artigo sobre a universidade empreendedora, define que ela pode significar três coisas:

1. A universidade, como uma organização, se torna empreendedora.
2. Os membros da universidade – corpo docente, discente e funcionários – se tornam, de alguma maneira, empreendedores.
3. A interação entre a universidade e o meio ambiente, a ligação estrutural entre universidade e região, seguem padrões empreendedores.

Ele afirma que todos os três aspectos são condições necessárias e suficientes para tornar uma universidade empreendedora.

A universidade empreendedora, para Clark (1998 e 2000), tem tanto a habilidade de gerar uma direção estratégica focada quanto a capacidade de formular metas acadêmicas e transformar o conhecimento produzido na universidade em utilidade econômica e social.

Clark estudou cinco universidades que se transformaram nos últimos 10 anos e chegou a 5 caminhos que levam à transformação em uma universidade empreendedora:

1. Reforçar o núcleo gerencial.
2. Incrementar o desenvolvimento das unidades periféricas à estrutura tradicional: escritórios de transferência de tecnologia e de consultoria, educação continuada e unidades transdisciplinares.
3. Ter uma base de financiamento diversificada.
4. Ter departamentos acadêmicos tradicionais engajados no empreendedorismo.
5. Internalizar a cultura empreendedora.

Etzkowitz (2003b) define que a universidade empreendedora combina a terceira missão de desenvolvimento econômico e social com ensino e pesquisa. Ele apresenta como elementos-chave da universidade empreendedora:

- A organização do grupo de pesquisa.
- A criação de uma base de pesquisa com potencial comercial.
- O desenvolvimento de mecanismos organizacionais para levar a pesquisa para fora da universidade como propriedade intelectual protegida.
- A capacidade de organizar empresas dentro da universidade.
- A integração de elementos da academia e da empresa em novos formatos, como os centros de pesquisa universidade–indústria.
- A atuação no desenvolvimento econômico e social regional.

A universidade tem o papel de liderança em uma sociedade baseada em conhecimento, segundo Etzkowitz (2003b). Na universidade empreendedora, são valorizadas as oportunidades comerciais para a pesquisa. Desenvolve-se a habilidade de transformar o conhecimento em uma atividade econômica. Existem duas trajetórias para a geração de empresas dentro da universidade: 1) o foco pode estar na missão de ensino como uma fonte de geração de empresas, como nos países europeus; ou 2) a missão de pesquisa pode ser o foco da geração das *spin-offs*, como nos Estados Unidos.

A universidade empreendedora inclui uma estratégia regional de desenvolvimento econômico e social, daí que a passagem da universidade de pesquisa para universidade empreendedora resulta de uma mudança na lógica interna do desenvolvimento acadêmico. Em geral, combina o treinamento, a pesquisa e a incubação de empresas como atividades relacionadas ao setor produtivo. A universidade é um recurso potencial de desenvolvimento econômico, tanto para elevar o nível tecnológico das empresas existentes como para ser uma fonte de geração de *spin-offs*.

3. UNIVERSIDADE EMPREENDEDORA: CONCEITO EM EVOLUÇÃO

Com base na tese de doutorado "Interação Universidade–Empresa e a Gestação de uma Universidade Empreendedora: a Evolução da PUC–Rio" (Guaranys, 2006), oriunda da pesquisa de campo com quatro grupos de pesquisa e dos conceitos propostos sobre tipos de grupo de pesquisa e de universidade, e da literatura internacional analisada, foram propostos um conceito e um modelo de universidade empreendedora que permitem identificar o quanto ela se aproxima dessa ideia.

Uma universidade empreendedora possui três missões: ensino, pesquisa e desenvolvimento econômico e social. O ensino e a pesquisa têm foco na transferência de conhecimento, sobretudo em tecnologia, para o setor produtivo, através da geração de empresas e da elevação do nível tecnológico das empresas existentes, atuando no desenvolvimento socioeconômico regional.

Os seguintes aspectos caracterizam o modelo proposto de uma universidade empreendedora:

a) são realizados adequação permanente de currículos e programas da graduação, pós-graduação e extensão, de acordo com as demandas da sociedade;
b) há ensino de empreendedorismo em nível de graduação (formação complementar através do domínio adicional), pós-graduação e extensão (educação continuada);
c) há formação de uma nova geração de empreendedores;
d) os grupos de pesquisa são empreendedores (definição no próximo item);
e) há organizações que realizam serviços profissionais por meio do trabalho de alunos, sob a orientação de professores, com vistas à prática profissional e ao atendimento de necessidades da sociedade (Empresa Júnior; Núcleo de Prática Jurídica; Serviço de Psicologia Aplicada etc.);
f) há incubadoras que apoiam a criação e a consolidação de empresas como forma de transferência de conhecimento (tecnologia e gestão) para a sociedade, gerando desenvolvimento socioeconômico e regional (Incubadora Tecnológica; Cultural etc.);
g) possui unidades periféricas à estrutura tradicional com o objetivo de apoiar a transferência de conhecimento dos grupos de pesquisa para as organizações da sociedade e, sobretudo, incrementar o nível tecnológico das empresas existentes, gerando desenvolvimento socioeconômico e regional (Escritório de Negócios em Propriedade Intelectual; Núcleo de Inovação Tecnológica; Escritório de Transferência de Tecnologia; Unidades Transdisciplinares, como o Instituto de Mídias Digitais, o Instituto de Energia e o Núcleo Interdis-

ciplinar de Meio Ambiente; Centros Tecnológicos Setoriais, como o Laboratório de Engenharia de Software [LES] e o Centro de Telecomunicações da PUC–Rio [Cetuc]; Centros de Pesquisa Universidade–Indústria, como o Laboratório de Tecnologia Gráfica [Tecgraf] e o Centro de Tecnologia de Dutos [CT–DUT] etc.);

h) são realizados ações de disseminação da cultura empreendedora e apoio a empreendimentos sociais e econômicos, com o objetivo de gerar sustentabilidade e desenvolvimento socioeconômico regional (Incubadora de Cooperativas Populares; Incubadora Social de Comunidades; Desenvolvimento Local – Cidades/Municípios/Comunidades; Arranjos Produtivos Locais [APLs] etc.);

i) os dirigentes da universidade empreendedora são empreendedores, e são escolhidas pessoas com características empreendedoras para os cargos gerenciais;

j) possui governança interna que gera articulação permanente entre os diversos atores da universidade empreendedora;

k) há planejamento estratégico focado em metas acadêmicas, econômicas e sociais (adequação do ensino às necessidades atuais e futuras da sociedade, criação e consolidação de empresas e empreendimentos, identificação e consolidação de APLs, seleção e reestruturação de comunidades populares etc.);

l) os recursos financeiros são de origem diversificada (próprios, públicos e privados), com o propósito de promover a autossustentabilidade;

m) possui governança externa que gera comprometimento e fluxo de informações com seus financiadores e parceiros;

n) dirigentes e docentes propõem atividades, participam ativamente delas e/ou as lideram com outras organizações em sua região, comunidades, cidades, setores da economia ou áreas científicas, como contribuição para a sociedade (conselhos, grupos de discussão, painéis, seminários, congressos etc.).

3.1 Caracterização dos tipos de grupo de pesquisa

O conceito de grupo de pesquisa "empreendedor" é apresentado a seguir e foi considerado o padrão dos grupos de pesquisa na universidade empreendedora, a partir da comparação com o do grupo de pesquisa "tradicional", típico dos grupos mais bem-sucedidos na universidade de pesquisa, segundo cada uma das características selecionadas. No Quadro 1, são resumidos os atributos escolhidos para descrever cada um desses tipos.

No grupo de pesquisa "tradicional", a formação de recursos humanos é especializada em determinada área do conhecimento e é dirigida para atender à academia e às empresas do mercado. As atividades de parceria com empresas aproximam a qualidade da formação, mais empresarial, às necessidades do setor produtivo. A criação de recursos humanos no grupo de pesquisa "empreendedor" acrescenta, em relação à anterior, a formação de alunos para gerar novas empresas. Isso significa que o foco da formação tecnológica se desloca para protótipos ou serviços que preencham as necessidades de um nicho de mercado, viabilizando a criação de uma empresa. A capacitação dos alunos deve incluir os aspectos da gestão empresarial, abrangendo plano de negócios, metodologias e software de gestão, gestão financeira, aspectos jurídicos e marketing.

Com relação ao tipo de pesquisa feita e aos produtos, o grupo de pesquisa "tradicional" realiza pesquisa fundamental, aplicada e tecnológica, que produz conhecimento que é disseminado através de artigos em revistas científicas e por meio de apresentação em congressos e similares, além de protótipos, processos ou serviços para atender à demanda das empresas do mercado. O grupo de pesquisa "empreendedor" também atende à demanda das empresas egressas e produz protótipos e serviços para a geração de novas empresas e para transferência de tecnologia para empresas existentes, mesmo que não tenha sido no âmbito de um projeto cooperativo,

Quadro 1. Características dos grupos de pesquisa "tradicional" e "empreendedor"

Grupo de pesquisa "tradicional"	Grupo de pesquisa "empreendedor"
1. Formação de RH para as empresas no mercado e para as academias	1. Idem + geração de novas empresas
2. Formação especializada	2. Idem + áreas de gestão empresarial
3. Pesquisa fundamental, aplicada e tecnológica que produz artigos em revistas científicas e para apresentação em congressos e similares, além de protótipos, processos ou serviços para atender à demanda de empresas do mercado	3. Idem + geração de novas empresas egressas e transferência de tecnologia a empresas existentes
4. Formação empreendedora não estimulada	4. Formação empreendedora considerada complementar à formação realizada pelo grupo
5. Produtos esperados: recursos humanos de alta qualificação para os mercados empresarial e acadêmico	5. Idem + geração de novas empresas e de empresas egressas do grupo
6. Articulação inexistente com incubadora de empresas	6. Estreita articulação com incubadora de empresas e parque tecnológico
7. Pré-incubação inexistente no grupo de pesquisa	7. Pré-incubação como atividade do grupo de pesquisa
8. Incentivo à pré-incubação inexistente	8. Há incentivo à pré-incubação com alocação de recursos e/ou bolsas de iniciação tecnológica ou científica aos alunos com projetos pré-incubados
9. Não há relacionamento e parceria definidos com as empresas egressas do grupo	9. Há estratégia, relacionamento e parceria definidos com as empresas egressas do grupo

Fonte: Elaboração própria.

de modo a ampliar a capacitação tecnológica delas e contribuir para o desenvolvimento socioeconômico regional.

A formação empreendedora nos grupos de pesquisa "tradicionais" não é estimulada pelo grupo, sendo apenas utilizada individualmente por empreendedores egressos desses grupos. No grupo de pesquisa "empreendedor", ela não só é estimulada como é considerada complementar à formação realizada pelo grupo.

Os produtos esperados pelo grupo de pesquisa "tradicional" são recursos humanos de alta qualificação para os mercados empresarial e acadêmico. O grupo de pesquisa "empreendedor", além desses produtos esperados, inclui, ainda, recursos humanos de alta qualificação para gerar novas empresas e a geração de empresas egressas do grupo.

Como consequência, no grupo de pesquisa "tradicional" não há articulação com incubadora de empresas, ao passo que no grupo de pesquisa "empreendedor" há estreita articulação com incubadoras de empresas e parque tecnológico, visando o crescimento e a consolidação das empresas geradas pelo grupo.

Assim, no grupo de pesquisa "tradicional" não há pré-incubação como uma atividade do grupo. Em contraste, no grupo de pesquisa "empreendedor" há pré-incubação como uma atividade regular, com bolsas tecnológicas ou científicas destinadas aos alunos com projetos pré-incubados e/ou recursos não reembolsáveis alocados para esses projetos.

O relacionamento com as empresas egressas é diferenciado nos dois tipos de grupo de pesquisa. No "tradicional", não há relacionamento e parceria definidos com as egressas. No "empreendedor", além de haver relacionamento e parceria definidos, há uma estratégia de desenvolvimento da relação com essas empresas. As pequenas empresas inovadoras oriundas do grupo são incluídas nos projetos cooperativos e, assim, se beneficiam dos alunos participantes desses projetos como mão de obra qualificada para as fases de crescimento e ampliação dos produtos.

3.2. Caracterização dos tipos de universidades

Como uma consequência da análise dos dois tipos de grupo de pesquisa já discutidos, foi construído o modelo de uma universidade empreendedora, que tem características distintas do modelo da universidade de pesquisa hoje vigente. Um resumo dos atributos de cada uma delas é apresentado no Quadro 2 e comentado a seguir. Foram selecionados os aspectos que melhor caracterizam as diferenças.

Com relação à formação de recursos humanos, a universidade de pesquisa o desenvolve para as empresas no mercado e para a academia, e a universidade empreendedora acrescenta a formação de recursos humanos para criar as próprias empresas. Inclui como produto da universidade a geração de empresas, sobretudo as egressas dos grupos de pesquisa e pequenas empresas inovadoras. Há uma ênfase maior na produção de protótipos, processos ou serviços para a geração de novas empresas e transferência de tecnologia para empresas existentes.

Na universidade empreendedora, há maior valorização das pesquisas cooperativas para atender à demanda de empresa do mercado, que já existia na universidade de pesquisa, porém era uma atividade eventual. Torna-se uma prioridade para complementar a formação dos alunos. Como consequência, a cultura organizacional da universidade, acadêmica, se aproxima um pouco mais da cultura empresarial, à medida que reconhece a necessidade de recursos humanos com uma formação mais completa, não só tecnológica, mas também gerencial, empresarial.

Outra diferença de ênfase é na formação empreendedora. Na universidade de pesquisa, já são oferecidas algumas disciplinas eletivas de empreendedorismo. Na universidade empreendedora, há um programa de formação de empreendedores extenso, abrangente e articulado, que prepara os alunos para criar as próprias empresas. A área de empreendedorismo é oferecida como uma segunda área de competência, que se soma à área profissional – setorial ou científica – escolhida pelos alunos.

Quadro 2. Características da universidade de pesquisa e da universidade empreendedora

Universidade de pesquisa	Universidade empreendedora
1. Objetivos: ensino, pesquisa e extensão	1. Idem + desenvolvimento econômico
2. Forma RH para as academias e para as empresas no mercado	2. Idem + geração de empresas egressas
3. Formação especializada	3. Idem + áreas relacionadas à gestão empresarial
4. Pesquisa fundamental, aplicada e tecnológica, além de protótipos, processos ou serviços para atender à demanda de empresas	4. Idem + geração de empresas e transferência de tecnologia para empresas existentes
5. Produtos esperados: RH qualificado para mercados empresarial e acadêmico	5. Produtos esperados: idem + geração de empresas e geração de empresas egressas dos grupos
6. Formação empreendedora através de algumas disciplinas eletivas	6. Formação empreendedora articulada e abrangente, oferecida como uma segunda área de competência
7. Graduação de alunos	7. Idem + graduação de empresas
8. Incubadora de empresas: unidade complementar opcional	8. Incubadora de empresas: unidade complementar obrigatória
9. Pré-incubação: atividade opcional relacionada à incubadora de empresas	9. Pré-incubação: atividade regular dos laboratórios de pesquisa e da incubadora de empresas
10. Parque tecnológico: unidade complementar opcional	10. Parque tecnológico: unidade complementar obrigatória, articulada com a incubadora de empresas e com os grupos de pesquisa e laboratórios
11. Núcleo de Propriedade Intelectual: unidade complementar opcional	11. Núcleo de Propriedade Intelectual: unidade complementar obrigatória, articulada com os grupos de pesquisa e laboratórios, com a incubadora de empresas e com o parque tecnológico

Universidade de pesquisa	Universidade empreendedora
12. Empresa Júnior e organizações profissionais com alunos orientados por professores: opcionais	12. Empresa Júnior e organizações profissionais com alunos orientados por professores: obrigatórias
13. Unidades periféricas com o objetivo de apoiar a transferência de conhecimento (tecnologia): opcionais	13. Unidades periféricas com o objetivo de apoiar a transferência de conhecimento (tecnologia): obrigatórias tanto abrangentes quanto as setoriais
14. Ações de apoio a empreendimentos sociais em comunidades: opcionais	14. Ações de disseminação da cultura empreendedora e apoio a empreendimentos sociais e econômicos em comunidades: obrigatórias
15. Planejamento focado em metas acadêmicas	15. Planejamento estratégico focado em metas acadêmicas, econômicas e sociais
16. Origem diversificada de recursos (próprios, públicos e privados): ênfase nos dois primeiros	16. Origem diversificada de recursos (próprios, públicos e privados): ênfase nos dois últimos
17. Dirigentes e gerentes são escolhidos pela competência	17e. Dirigentes e gerentes são escolhidos pela competência e perfil empreendedor
18. Dirigentes e docentes participam de atividades de produção científica e tecnológica	18. Dirigentes e docentes participam de atividades de produção científica e tecnológica, assim como participam ativamente de atividades em sua região, comunidades, cidades e setores da economia, liderando-as

Fonte: Elaboração própria.

A universidade empreendedora inclui como objetivo e ritual permanente a graduação de empresas e a graduação de alunos. Nesse sentido, tanto as incubadoras de empresa de diversos tipos quanto o parque tecnológico associado à universidade assumem uma importância estratégica.

Para que a geração e graduação de empresas sejam atividades regulares da universidade empreendedora, é necessário que os grupos de pesquisa e laboratórios tenham atividades de pré-incubação e programas de pós-graduação específicos voltados para a geração de tecnologia para criação de empresas inovadoras, isto é, sejam grupos de pesquisa empreendedores.

Entendemos que sempre haverá uma variedade de tipos de grupo de pesquisa na universidade. Na universidade de pesquisa, a maioria inclui grupos de pesquisa "tradicionais". Na universidade empreendedora, existem grupos de pesquisa empreendedores em número suficiente que permite a identificação de uma cultura empreendedora que pode ser encontrada na reitoria, nos órgãos de administração da universidade e em grande parte dos departamentos, dos grupos de pesquisa e dos laboratórios, assim como no perfil dos alunos formados por ela.

4. PONTIFÍCIA UNIVERSIDADE CATÓLICA DO RIO DE JANEIRO

> A Pontifícia Universidade Católica do Rio de Janeiro é uma instituição de direito privado sem fins lucrativos, que prima pela produção e transmissão do saber, baseando-se no respeito aos valores humanos e na ética cristã, visando, acima de tudo, ao benefício da sociedade. ... Busca a excelência na pesquisa, no ensino e na extensão para a formação de profissionais competentes, habilitados ao pleno desempenho de suas funções. (Site da PUC-Rio, 5/2/2009)

Na visão do reitor padre Hortal, um dos cinco fatores críticos que fazem a universidade ser considerada de sucesso é

> A configuração da PUC-Rio como uma universidade empreendedora. Trata-se de uma dimensão relativamente

> recente, que começou a se desenvolver há apenas quinze anos. Tentamos incutir nos nossos alunos o espírito empreendedor e inovador. Não queremos simplesmente formar profissionais capazes de executar tarefas que lhes são confiadas, mas que tomem a iniciativa e marchem à frente. As incubadoras, a empresa júnior e as disciplinas de empreendedorismo são uma expressão desse espírito, mas não o esgotam. As premiações constantes que recebemos neste campo mostram que o espírito empreendedor foi incorporado pela nossa comunidade. (Relatório Anual Instituto Gênesis PUC-Rio 2007, p. 3)

São apresentados, a seguir, os elementos que permitem uma reflexão sobre a trajetória da PUC-Rio em direção à universidade empreendedora.

A apresentação institucional da PUC-Rio em seu site, já citada, e as palavras do reitor no Relatório Gênesis de 2007 demonstram a evolução da universidade de pesquisa em direção à universidade empreendedora, reconhecida pelo representante máximo da organização. Há a constatação de que a metade dos altos cargos gerenciais da universidade, como reitor e vice-reitores, são ocupados por pessoas de perfil empreendedor. Segue a seguir a criação e o desenvolvimento de algumas unidades que demonstram a evolução da PUC-Rio em direção à universidade empreendedora.

4.1 Instituto Gênesis

Em março de 1996, foi criado o Instituto Gênesis para Inovação e Ação Empreendedora, para contribuir com o desenvolvimento econômico e social do Rio de Janeiro, através de:

- disseminação da cultura empreendedora no meio acadêmico, nas organizações e na sociedade em geral;

- promoção do desenvolvimento de uma nova geração de empreendedores, ajustado ao novo paradigma empresarial;
- capacitação de profissionais de nível universitário para a ação empreendedora;
- fomento à geração de novos negócios de base tecnológica;
- subsídio à formulação e à avaliação de políticas públicas, empresariais e da universidade, que estimulem a criatividade, a inovação e a ação empreendedora (PUC-Rio, 1997).

O Instituto Gênesis foi oficializado como unidade complementar em agosto de 2000 e é subordinado à vice-reitoria acadêmica. Foi uma demonstração do reconhecimento dessa nova vertente de formação e atuação da universidade, como um programa acadêmico. Em 2007, o instituto era constituído pelos seguintes campos de atuação e órgãos: Ensino de Empreendedorismo (graduação – Programa de Formação de Empreendedores; pós-graduação – parceria com os Departamentos de Engenharia Mecânica e Metrologia; extensão – Coordenação de Empreendedorismo e Extensão); Empresa Júnior PUC-Rio, Laboratório de Ideias (pré-incubadora); Incubadora Tecnológica, Incubadora Cultural, Incubadora Social de Comunidades, Aceleradora (pós-incubadora); Parque Tecnológico e Unidades de Apoio (Comunicação e Informação, Gestão de Pessoas, Predial, Tecnologia da Informação, Financeira, Jurídica e Relações Internacionais).

No campo de atuação Promoção da Cultura do Empreendedorismo e Inovação, encontram-se o Ensino de Empreendedorismo e a Empresa Júnior PUC-Rio. A Coordenação de Ensino de Empreendedorismo (Cemp), criada em 2000, atuava, em 2007, na complementação da graduação, oferecendo a certificação de domínio adicional e ênfase em empreendedorismo, com o Programa de Formação de Empreendedores. Em 2007, foram 12 disciplinas, com um total de 38 turmas, envolvendo 946 alunos, incluindo 16 professores. A Coordenação de Empreendedorismo e Extensão (Cemp-Ex), criada em 2006, ofereceu, em 2007, no âmbito de atuação na Cadeia de Produção da Música, dois cursos de música com 62 alunos e 9 professores, além de duas Oficinas de Planos de Negócios, com 40 participantes e 7 professores.

A Empresa Júnior PUC-Rio é multidisciplinar, com atuação em consultoria nas áreas de Assessoria de Comunicação, Criação, Finanças, Negócios Internacionais, Pesquisa em Marketing, Planejamento, Qualidade, Recursos Humanos e Tecnologia da Informação. Em 2007, eram 71 membros, com 28 projetos em andamento e faturamento de R$380 mil. Em 2005, a Empresa Júnior obteve o diploma na Categoria Ouro do Prêmio de Qualidade Rio de Janeiro (PQ–Rio) e implementou a norma NBR ISO 9001:2000.

O campo de atuação Incubação de Empreendimentos abrange a pré-incubação, a incubação e a pós-incubação/aceleradora, dividido nas áreas Incubação de Empreendimentos Orientados para a Geração e o Uso Intenso de Tecnologia (Incubadora Tecnológica), Promoção de Empreendimentos Inovadores Orientados para o Desenvolvimento Local e Setorial (Incubadora Cultural e Aceleradora Gênesis de Empresas) e Promoção de Ambientes de Inovação com Foco Regional e/ou Setorial (Programa de Desenvolvimento Local, Programa de Criação de Ambientes Inovadores e Programa da Incubadora Social de Comunidades).

A Pré-Incubadora Tecnológica começou a operar, como unidade do Instituto Gênesis, em 2003. Antes era uma função dentro da Incubadora Tecnológica. Em 2007, houve três projetos residentes. Em 2008, havia uma relação com laboratórios/grupos de pesquisa da universidade, visando a prospecção de projetos com potencial para criar novas empresas, a serem pré-incubados nestes laboratórios: Laboratório de Tecnologia em Computação Gráfica (TeCGraf); Centro de Estudos em Telecomunicações (Cetuc); Laboratório de Engenharia de Software (LES); Engenharia de Aplicação Web (TecWeb); Vision Lab – Laboratório de CAD Inteligente; Jogos e Visualização; Laboratório de Fibra Ótica (LFO); e Centro de Pesquisa em Tecnologia de Inspeção (CPTI). Considero este o caminho para o aumento de escala na geração de empresas em uma instituição de pesquisa, a pré-incubação laboratorial. Ela é dividida em dois tipos: a virtual, que possui pessoas ajudando o aluno ou grupo de alunos a elaborar um plano de negócios, e a pré-incubação laboratorial, dentro dos laboratórios e grupos de pesquisa. Em 2008, existiam seis projetos pré-incubados em laboratórios.

A Incubadora Tecnológica, em 2007, abrigava 12 empresas incubadas residentes e uma virtual. Havia 32 empresas graduadas até este ano. Não houve empresas com processo de incubação interrompido neste ano. Quando as empresas são selecionadas, assinam um contrato de incubação. Nele, além de outros aspectos, comprometem-se a pagar uma mensalidade, que inclui a utilização do espaço e dos serviços comuns, assim como as consultorias das Unidades de Apoio. Por esse contrato, ao se graduarem, as empresas também continuarão a pagar o mesmo valor durante o mesmo número de meses que estiveram incubadas. As empresas geraram, em 2007, 134 postos de trabalho, incluindo os sócios, e foram criados e/ou comercializados 59 produtos ou serviços com um faturamento total no ano de quase R$5 milhões. A partir de 2002, houve uma taxa de ocupação de 100% na incubadora.

A Incubadora Cultural teve seu início em 2002, com cinco empresas incubadas virtuais. Em 2007, possuía quatro incubadas residentes, sete incubadas virtuais e quatro graduadas, até este ano. Em 2007, contabilizavam-se 36 postos de trabalho, incluindo os sócios, 119 produtos e serviços e um faturamento de R$760 mil.

A Aceleradora Gênesis de Empresas (AGE) teve seu início em setembro de 2007 com o objetivo de "apoiar pequenas e médias empresas, sobretudo empresas graduadas pelo Instituto Gênesis, a desenvolverem planos de crescimento e a se consolidarem no mercado escolhido" (Relatório Anual Instituto Gênesis PUC–Rio 2007).

A Incubadora Social de Comunidades "objetiva o desenvolvimento local sustentável de comunidades populares, através da disseminação da cultura empreendedora, da articulação de atores locais e do apoio ao desenvolvimento de empreendimentos solidários, com base na identidade local, estimulando a geração de novas tecnologias sociais" (Relatório Anual Instituto Gênesis PUC–Rio 2007). Iniciou suas atividades em 2004 e, em 2007, atendeu a quatro comunidades (Vila Canoas, Salgueiro, em São Gonçalo, Piscicultura Familiar, em São Gonçalo, e Parque da Cidade), além da pesquisa Projeto Juventude, Raça e Gênero – Inclujovem. No ano de 2007, beneficiou diretamente 46 pessoas e indiretamente 200 pessoas, teve 24 pessoas capacitadas em empreendedorismo e gestão, 7 empreendimentos pré-incubados e 2 incubados.

Há uma relação institucional entre o Escritório de Negócios em Propriedade Intelectual (ENPI) e o Instituto Gênesis para realizar a gestão de tecnologia de uma maneira integrada, trabalhando com propriedade intelectual. Existe um processo de pré-incubação induzida, junto aos alunos de mestrado e doutorado. Nele um levantamento periódico dos laboratórios de pesquisa aplicada é realizado e um questionário para identificação dos futuros *spin-offs* e seus estágios de desenvolvimento é preenchido.

Uma vez tendo o aluno definido uma tese ou dissertação que objetive um produto ou um serviço para a criação de uma empresa, o Gênesis começa a atuar em conjunto, cuidando de sua formação como empreendedor.

Para manter as empresas graduadas das incubadoras perto da universidade, está em processo de implantação um Parque Socioambiental Tecnológico e Cultural da Gávea, que se constituirá em outra unidade do Instituto Gênesis.

Outra ação fundamental para o ciclo de inovação e complementar às ações já descritas foi a criação da Gávea Angels, uma rede de investidores anjos e um fundo de capital semente para apoio às empresas egressas dos grupos de pesquisa e/ou incubadas e graduadas das incubadoras.

4.2 TeCGraf, um grupo de pesquisa "tradicional"

O TeCGraf é um laboratório que abriga um grupo que pesquisa em computação gráfica. Esta abrange tecnologias tão multidisciplinares que é a própria interface gráfica que faz parte do processo de entrada de dados do usuário, assim como a análise representada através de gráficos e animações que mostram o comportamento dinâmico da análise, por exemplo.

É um dos grupos de pesquisa da PUC–Rio considerados como dos mais bem-sucedidos e com uma relação antiga e estável com seu parceiro principal, a Petrobras. Representa, assim, um dos tipos possíveis de interação universidade/empresa em que a relação do grupo se dá, principalmente, com uma grande empresa estatal e seu centro de pesquisa, no caso o Cenpes – Centro de Pesquisas e Desenvolvimento Leopoldo Américo Miguêz de Mello, para atender às demandas da Empresa.

O TeCGraf pode ser considerado um exemplo de "quase firma", conceito utilizado por Etzkowitz (2003, p.110-111). É um grupo grande, com quase 200 pessoas permanentes, em 2005, e com um conjunto amplo de projetos sendo desenvolvidos ao mesmo tempo, além da atividade de manutenção dos produtos já entregues aos clientes. Seu tamanho, além do número e da complexidade dos projetos, como também dos vários clientes atendidos, faz com que esse grupo seja análogo a uma empresa. São necessários estrutura e instrumentos gerenciais razoavelmente complexos. A engenharia financeira não é trivial, sobretudo se consideramos que é preciso manter o salário de todas as pessoas envolvidas, apesar dos atrasos na aprovação formal e do desembolso dos projetos escolhidos nas seleções realizadas pelas empresas parceiras ou daqueles aprovados em editais e chamadas públicas dos Fundos Setoriais.

Não há uma preocupação do grupo de pesquisa em formar novas empresas com base no desenvolvimento de tecnologias. Porém, um de seus principais objetivos é a preparação de recursos humanos qualificados nas tecnologias desenvolvidas em seus projetos de parceria com empresas e em dissertações de mestrado e teses de doutorado.

Foram criadas duas empresas de alunos formados pelo TeCGraf, com conhecimentos e tecnologias adquiridos em suas atividades nos projetos realizados no grupo. Estas empresas, K2 e Weavers, estiveram incubadas na Incubadora Tecnológica do Instituto Gênesis. O conhecimento científico e tecnológico dos empreendedores foi adquirido através de sua participação no Grupo de Pesquisa, e o conhecimento do negócio – gerencial, financeiro, jurídico e de marketing – foi adquirido através das assessorias desse instituto às empresas incubadas. Além daquelas, também foi criada outra empresa – Ideais – por ex-empregados da K2, portanto, considera-se a Ideais uma empresa egressa da K2.

4.3 Laboratório de Engenharia de Software (LES) do DI/PUC–Rio, um grupo de pesquisa "empreendedor"

Em 1997, depois de ter terminado o contrato da IBMm com o Departamento de Informática e com a interrupção da vigência da Lei de Informática, o Laboratório IBM de Desenvolvimento de Software (Lids) foi transformado no Laboratório de Engenharia de Software (LES), para fornecer infraestrutura para a pesquisa aplicada, o desenvolvimento de ferramentas e o ensino experimental em engenharia de software. O LES tem como objetivos:

- Desenvolver pesquisa avançada em diversas áreas de engenharia de software.
- Formar e capacitar recursos humanos.
- Incentivar a formação de novas empresas capazes de transferir tecnologia para o mercado.
- Interagir com empresas atuantes no mercado como forma de garantir adoção tecnológica.

Em 2004, o LES tinha 77 pesquisadores, sendo 6 professores, 3 doutores, 5 recém-doutores, 26 doutorandos, 3 mestres, 25 mestrandos e 9 graduandos. No âmbito do LES, em março de 2000, foi criado o Grupo de Comércio Eletrônico – TecComm – para pesquisar e desenvolver novas tecnologias para o comércio eletrônico. Tinha como motivação o mercado promissor e crescente do comércio eletrônico, com o desafio de desenvolver projetos inovadores numa área em constante evolução. Os objetivos institucionais do TecComm, em 2003, eram: (a) desenvolver pesquisa em *e-business*; (b) divulgar a cultura *e-business*; (c) formar recursos humanos; (d) formar empresas; e (e) interagir com a indústria. Para atingir esses objetivos, foram criados dois tipos de formação nesse grupo de pesquisa. O primeiro mantém a orientação tradicional de formação de mestrado. Visa a carreira acadêmica, com a preparação do docente/pesquisador para realizar o doutorado, e atende aos três primeiros objetivos citados: desenvolver pesquisa em *e-business*, divulgar a cultura *e-business* e formar recursos humanos. O segundo tipo, que considera o nível de mestrado como terminal, visa o desenvolvimento de produtos, processos ou serviços que atendam aos dois últimos objetivos: formar empresas e interagir com a indústria.

O tipo de formação que objetiva a criação intencional de empresas e a manutenção do contato com as empresas geradas, através da contratação de projetos conjuntos, é associado a programas acadêmicos. Os alunos que estão desenvolvendo tecnologia para abrir as empresas egressas do grupo convivem com os futuros candidatos ao doutorado e têm uma carreira acadêmica.

Essa concepção do grupo de pesquisa teve sua origem nos cursos de empreendedorismo, que começaram na Informática e, depois, se tornaram disciplinas eletivas em toda a universidade. Além dos cursos de empreendedorismo, está na raiz dessa concepção a própria realidade do mercado.

O LES, no âmbito do segundo tipo de formação, incorporou a função de pré-incubação, para dar apoio aos projetos no aspecto tecnológico. O Programa de Empreendedorismo do Instituto Gênesis apoia os projetos quanto à capacitação para a formatação do negócio, através das diversas disciplinas oferecidas aos alunos. Como parte da pré-incubação, o laboratório disponibiliza bolsas de iniciação tecnológica ou científica, obtidas nas agências de fomento federais e estaduais. Os projetos de pesquisa se convertem, muitas vezes, em produtos na forma ainda de protótipos, em que o principal objetivo é a prova do conceito. Para que um produto no mercado se torne uma inovação, é preciso realizar seu desenvolvimento, não levando em consideração uma função da universidade e, sim, da empresa que vai comercializá-lo.

Em 2002, 25 pessoas participavam dos 11 projetos/futuras empresas em desenvolvimento no LES. A partir deste ano, foi mantida a média de 30 estudantes de mestrado e 15 de doutorado, com quase metade deles fazendo parte do segundo tipo de formação e se preparando para abrir uma empresa. De 2002 a 2005, foi mudando o perfil do tipo de negócio em que os estudantes investiam para abrir a empresa. Os empreendedores que já abriram sua empresa às vezes retornam ao grupo de pesquisa para continuar seu doutorado.

Em 2004, havia um total de nove empresas egressas do Laboratório LES. Duas pré-incubadas (Facio e Daflon); duas incubadas (MindsatWork e Milestone) e quatro graduadas da Incubadora (Gaveatech, depois fechada por opção dos donos, EduWeb, Lumina, que se mudou para São Paulo, e M4U – Mobile For You). Essas empresas são consideradas Empresas Associadas ao Laboratório e se constituem em mercado de trabalho para os alunos que ainda estão em formação no LES, pois estes são contratados quando as empresas crescem e necessitam de mão de obra especializada. Então, alunos em fase de formação estão sendo colocados em contato direto com o futuro empregador, que é originário do próprio laboratório.

Os projetos cooperativos do grupo de pesquisa/laboratório funcionam como um elemento integrador nesse fluxo de formação de recursos humanos, geração de empresas e oportunidades de entrada no mercado de trabalho em áreas de tecnologia de ponta, pela criação de postos de trabalho como empreendedores, donos de empresas nascentes e emprego nas empresas egressas do grupo.

4.4 Escritório de Negócios em Propriedade Intelectual (Enpi) da PUC–Rio

O Escritório de Negócios em Propriedade Intelectual (Enpi) surgiu de um projeto aprovado em edital que correspondeu a um convênio entre o CNPq e a PUC–Rio, em 2003.

A missão do Enpi é: "Promover a disseminação da cultura da propriedade intelectual, formular políticas e implementar ações destinadas à proteção, valoração e comercialização de bens intelectuais oriundos do conhecimento gerado na PUC–Rio" (Coutinho, 2007).

Em resumo, as prioridades eram disseminar a cultura da propriedade intelectual na universidade; cadastrar os bens disponíveis originários de pesquisas realizadas nos últimos cinco anos; comercializar aquilo que fosse ativo com demanda de mercado; e assessorar os professores e as empresas incubadas a respeito de registro de marcas, patentes e defesa de tese em sigilo.

O trabalho do Enpi em relação a um bem intelectual apresenta cinco etapas: a) termo de revelação; b) busca de anterioridade; c) avaliação se há perspectiva de comercialização ou se é relevante para a universidade; d) proteção; e) licenciamento ou transferência (para novas empresas ou empresas consolidadas).

São realizados, por ano, seminários de 8 horas ou de 40 horas sobre propriedade intelectual em parceria com o Instituto Nacional de Propriedade Industrial (Inpi), a Organização Mundial de Propriedade Industrial (Ompi) ou outras universidades, como a PUC–RS, UF–RGS e UF–PE.

Desde o início de 2007, o Enpi participa da avaliação dos candidatos à incubação. No projeto Raitec, da rede da Incubadora Âncora (Gênesis) e mais três incubadoras afiliadas, a responsável pelo Enpi coordena o Fórum de Propriedade Intelectual e leva a experiência da PUC–Rio para as outras três incubadoras. A partir de 2007, todos os cursos do Enpi passaram a incluir membros do Instituto Gênesis.

Em 2008, os professores da PUC–Rio começaram a procurar o Enpi após o licenciamento do software Ginga, que proporcionou um aporte de R$300 mil para a universidade. Já foram solicitados pedidos de registro de 10 patentes de invenção da PUC–Rio, sendo 4 em copropriedade com empresa incubada, além de 25 pedidos de cotitularidade com empresas parceiras. Foi elaborado um cadastro de competências e um acervo de bens intelectuais gerados na PUC–Rio.

Há um processo de integração das ações com vistas à criação de uma agência de inovação na PUC–Rio.

5. CONCLUSÕES

A universidade empreendedora tem por objetivo, além do ensino, da pesquisa e da extensão, o desenvolvimento econômico. Além de desenvolver recursos humanos para a academia e para as empresas no mercado, forma empreendedores para criar as próprias empresas. Não valoriza apenas a formação especializada em alguma área do conhecimento ou setor da economia, mas incentiva seus alunos a possuir formação também em áreas relacionadas à gestão empresarial e correlatas. A universidade empreendedora, além de pesquisa fundamental, aplicada e tecnológica e do uso de protótipos, processos ou serviços para atender à demanda de empresas existentes, considera fundamental realizar essas atividades e produtos para gerar novas empresas e prioriza a transferência de tecnologia para aquelas já existentes, para incrementar sua capacitação tecnológica.

Os produtos dessa universidade, portanto, além de recursos humanos qualificados para os mercados empresarial e acadêmico, também são empreendedores para gerar empresas, assim como a própria criação de empresas egressas de grupos universitários. A formação empreendedora é articulada e abrangente, oferecida como uma segunda área de competência. Além da graduação de alunos, há a graduação de empresas, como cerimônia análoga. Há pré-incubação como atividade regular dos laboratórios de pesquisa e da incubadora de empresas. O Núcleo de Propriedade Intelectual é uma unidade complementar obrigatória articulada com os grupos de pesquisa e os laboratórios, com a Incubadora de Empresas e com o Parque Tecnológico. A Incubadora de Empresas é uma unidade complementar obrigatória, assim como o Parque Tecnológico, articulados com os grupos de pesquisa e laboratórios, para que sejam criadas condições para a geração e o desenvolvimento de empresas egressas dos grupos de pesquisa.

Pode-se considerar a universidade empreendedora um novo tipo de universidade, já existente em outros países, porém despontando como alternativa mais adequada às necessidades de formação de recursos humanos e de desenvolvimento econômico brasileiro. A existência de um novo tipo de empresário brasileiro, o empreendedor formado na universidade, que valoriza a inovação e tem facilidade de parceria com grupos de pesquisa universitários, leva à maior capacitação tecnológica das empresas, constante inovação em seus produtos e/ou serviços, resultando em maior competitividade no mercado.

O diferencial da PUC–Rio, como universidade privada, é sua transformação de universidade de pesquisa em uma universidade empreendedora, sobretudo pela inclusão da formação de empreendedores e de empresas em seus objetivos. Esta se dá através da evolução dos grupos de pesquisa "tradicionais" para grupos de pesquisa "empreendedores". Os principais grupos e laboratórios estão incluindo a função de pré-incubação laboratorial.

A orientação dos alunos realizada pelos docentes de seus departamentos, cada vez mais leva em conta a tendência dos alunos que optam por abrir empresas, auxiliando na escolha de problemáticas e tecnologias que melhor atendem a demandas do mercado ou de alguns de seus nichos. Os docentes incentivam a escolha de disciplinas do Programa de Formação de Empreendedores e as incubadoras têm uma estreita relação com os laboratórios para orientar a elaboração de planos de negócios.

A graduação de empresas tem importância institucional similar à cerimônia de formatura dos alunos que terminam seus cursos. Um diferencial não menos importante é o estímulo aos projetos incubados pela Incubadora Social de Desenvolvimento de Comunidades. Estes são fundamentais para completar os objetivos de formação de empreendedores em comunidades carentes e desenvolvimento concomitante da comunidade, o que é uma característica própria de uma Universidade Católica.

Já estão surgindo algumas empresas privadas que tiveram sua origem nos grupos de pesquisa universitários e começam a construir uma relação de longo prazo com esse tipo de grupo. Percebe-se uma tendência, que confirma a expectativa daqueles que conceberam e implantaram o Instituto Gênesis, de surgimento de um novo tipo de empresário, com valores mais próximos daqueles da universidade, que reconhecem a necessidade de inovação constante e a possibilidade de capacitação permanente e desenvolvimento conjunto de produtos e serviços com os grupos de pesquisa universitários. São esses novos empresários empreendedores que, conhecendo a cultura acadêmica, conseguem utilizar as interações com as universidades com vistas à atualização tecnológica e complementação de seu esforço interno de P&D.

REFERÊNCIAS

BURTON, R. C. "Building the entrepreneurial university". *IAU Newsletter*, vol. 4, n. 2, p. 1, maio 1998.

______. "Collegial entrepreneurialism in proactive universities change". *New Rochelle*, p. 1-17, jan.-fev. 2000.

COUTINHO, S. V. A gestão da propriedade intelectual na PUC-Rio. 7 pp. Mimeo, 2007.

ETZKOWITZ, H. "The second academic revolution: the role of the research university in economic development". In: S. E. Cozzens et al. (Eds.). *The research system in transition*. Netherlands: Kluwer Academic Publishers, p. 109-124, 1990.

_____. "Research groups as 'quasi firms': the invention of the entrepreneurial university". *Research Policy*, v. 32, n. 1, p. 109-121, 2003a.

_____. "The European entrepreneurial university: an alternative to the US model". *Industry & Higher Education*, p. 325-335, out. 2003b.

_____ "The evolution of the entrepreneurial university". *Int. J. Technology and Globalisation*, v. 1, n. 1, p. 64-77, 2004.

ETZKOWITZ, H.; ASPLUND, P. e NORDMAN, N. "Beyond humboldt: the entrepreneurial university, the third mission and the triple helix". *VEST Journal for Science and Technology Studies*, v. 16, n. 1, p. 21-45, 2003.

ETZKOWITZ, H. et al. "The future of the university and the university of the future: evolution of ivory tower to entrepreneurial paradigm". *Research Policy*, v. 29, n. 313-330, 2000a.

ETZKOWITZ, H. et al. "The evolution of the incubator from support structure to regional innovation organizer". In: 3rd INTERNATIONAL TRIPLE HELIX CONFERENCE, 2000, Rio de Janeiro: 24-29, 2000b.

GUARANYS, L. R. "A interação da universidade com o setor produtivo na física". In: XVIII SIMPÓSIO DE GESTÃO DA INOVAÇÃO TECNOLÓGICA, 1994, São Paulo. *Anais*... São Paulo: p. 300-320, 1994b.

_____, MACULAN, A. M. D. "Company/university/government interaction in telecommunications sector in Brazil: the case of the Radio Wave Propagation Group of Cetuc/PUC-Rio". In: RIO 2000 THIRD TRIPLE HELIX INTERNATIONAL CONFERENCE THE ENDLESS TRANSITIONS, Rio de Janeiro. *Anais*... Rio de Janeiro: Fundação Coppetec. 2000.

_____. "De universidade de pesquisa a universidade empreendedora: o papel do empreendedorismo e da incubadora tecnológica na transformação da PUC-Rio". In: XII SEMINÁRIO NACIONAL DE PARQUES TECNOLÓGICOS E INCUBADORAS DE EMPRESAS E XI WORKSHOP ANPROTEC, Brasília. *Anais*... Brasília: 239-254, 2003.

_____. "Interação universidade empresa e a gestação de uma universidade empreendedora: a evolução da PUC-Rio". 2006. Tese (Doutorado) ITOI/PEP/COPPE/UFRJ, 2006.

MEYER, M. "Academic entrepreneurs or entrepereneurial academics? Research-based ventures and public support mechanisms". *R&D MANAGEMENT*, n. 33, p. 2, 2003.

NELSEN, L. "The entrepreneurial university". In: 25TH ANNIVERSARY AAAS COLLOQUIUM ON SCIENCE AND TECHNOLOGY POLICY, 11 a 13 de abril, 279-285, 2000.

OECD. "University research in transition". *OECD Publications*, p. 103, 1998.

RÖPKE, J. *The entrepreneurial university: innovation, academic knowledge creation and regional development in a globatized economy*. Disponível em http://www.unimarburg.de/mfe/netz/aufsatz./roepke2.htm.acesso em dezembro de 2008.

INSTITUTO GÊNESIS PUC-Rio. *Relatório Anual Instituto Gênesis PUC-Rio 2007*. 59 pp., 2007.

_____. *Conservatória: música como fator de desenvolvimento*. 2005.

PUC-Rio. *Programa de Formação de Empreendedores da PUC-Rio*. Rio de Janeiro: Escritório de Desenvolvimento do CTC, 12 de Março, 48pp. Mimeo. 1997.

CAPÍTULO 6

UNIFEI – Universidade Federal de Itajubá: Uma universidade empreendedora

FÁBIO ROBERTO FOWLER

RESUMO

O atual cenário econômico, estimulado pela desregulamentação política e, consequentemente, a liberação do mercado, tem gerado uma intensificação de ambientes competitivos, em níveis nacional e global, em vários setores de negócios. Tal cenário tem demandado um desenvolvimento profissional em que, além das habilidades técnicas, são necessários atributos gerenciais e pessoais. Observa-se na literatura e em organizações certa insatisfação em relação aos modelos de ensino tradicionais para o desenvolvimento do perfil profissional.

O presente capítulo, fruto de mais de 12 anos de trabalho, almeja apresentar a experiência em educação empreendedora vivida pela Universidade Federal de Itajubá (UNIFEI). Primeiro, descreve os passos iniciais por intermédio do Projeto Escola de Empreendedores, que culminou com a criação do Centro de Empreendedorismo GEFEI (Gestão Empresarial, Formação Empreendedora e Intraempreendedora) da UNIFEI. Posteriormente, apresenta uma proposta de modelo para desenvolvimento, implementação e análise de Programas de Desenvolvimento de Empreendedorismo (PDEs), que é a base de criação de todos os programas do centro. Para isso, apresento um sucinto embasamento teórico que dá apoio para o modelo referido. Como evidências do sucesso concreto do modelo, são detalhados a aplicação e os resultados correntes de dois programas lançados pelo Centro GEFEI. Por fim, serão listados as recentes iniciativas e os projetos futuros em educação empreendedora da universidade.

Palavras-chave: Programas de Desenvolvimento de Empreendedorismo (PDEs), educação empreendedora, centro de empreendedorismo, universidade empreendedora, perfil profissional.

1. INTRODUÇÃO

A década de 1990 e a entrada do século XXI têm sido marcadas por grandes mudanças nos mercados, aceleração no processo de inovação, agressiva competição global e extenso acesso à informação. Tal cenário culminou com a intensificação do desemprego, que é considerado um dos maiores problemas enfrentados pela maioria das economias capitalistas. As grandes inovações tecnológicas implantadas pelo setor produtivo geraram grande aumento de qualidade e capacidade produtiva; contudo, extinguiu-se um grande número de postos de trabalho. Além disso, muitas das novas posições de emprego abertas não podem ser preenchidas rapidamente por não existir o profissional com o perfil desejado no mercado. Surgiu o termo “empregabilidade”, isto é, ter as habilidades necessárias para preencher as exigências dessas novas posições.

Oliveira (1986, p. 23) afirma que existe um hiato entre o avanço científico-tecnológico e a capacidade de organização dos grupos ou entidades sociais para lidar com as grandes mudanças globais. Em um projeto de desenvolvimento econômico-social, seja ele de nível nacional ou local, o papel da educação é um dos mais importantes. Esse desenvolvimento e progresso econômicos não são apenas determinados por decisões próprias, mas também por seu posicionamento no conjunto de relações de negócios e investimentos em um sistema econômico global (Fowler, 1997, p. 9).

Este capítulo apresentará a utilização da educação empreendedora como possível instrumento da dimensão educação, para diminuir tal hiato entre os avanços científico-tecnológicos e as organizações educacionais e, também, auxiliar a busca da vitória dos desafios globais.

A princípio, serão descritos os primeiros passos em educação empreendedora percorridos pela Universidade Federal de Itajubá (UNIFEI) que culminaram com a criação de seu Centro de Empreendedorismo GEFEI (Gestão Empresarial, Formação Empreendedora & Intraempreendedora). Logo a seguir, é apresentada a proposta de um modelo para criação de PDEs e, por fim, a aplicação do referido modelo com a apresentação dos resultados até então obtidos em dois programas desenvolvidos pelo centro. Por fim, serão listados as recentes iniciativas e os projetos futuros da universidade.

2. DEFINIÇÕES

Antes do caso da UNIFEI, e apesar de uma densa fundamentação teórica apresentada em capítulos anteriores, optou-se por definir alguns conceitos essenciais nos quais se apoiam toda a base de criação e implementação de programas em educação empreendedora na instituição.

2.1 Empreendedor

Tomou-se como definição que um empreendedor é uma pessoa que cria e dirige empreendimentos (Fowler, 1997, p. 17). Portanto, ela pode ser encontrada não apenas criando e dirigindo as próprias organizações orientadas para o lucro, mas também como o indivíduo por detrás da formação e operação de uma associação comunitária, um clube ou uma cooperativa, entre outros. Sendo assim, a essência do empreendedorismo não está na procura de negócios que gerem lucros, mas sim na criação e manutenção de empreendimentos, lucrativos ou não. Todos os empreendimentos requerem aquisição e aplicação de recursos humanos, físicos, financeiros e de conhecimento/informação para o alcance de objetivos específicos. Esses objetivos podem ser pessoais ou não. Tal definição de empreendimentos inclui também projetos, sejam eles de grande, médio ou pequeno porte.

2.2 Empreendedorismo

Trata-se de palavra traduzida do inglês *entrepreneurship*. Gibb (2002) argumenta que a maneira mais útil de definir empreendedorismo, em um contexto educacional, deve ser feita em termos de seu comportamento, ressaltado por meio de certos atributos e habilidades do empreendedor em criar e gerenciar o empreendimento. Estritamente falando, um empreendedor não existe sem empreendedorismo e vice-versa.

2.3 Educação empreendedora

O termo educação empreendedora advém dos termos em inglês *entrepreneurship education* e *enterprise education.* Programas de *entrepreneurship education* realizados na América do Norte têm como principais objetivos a criação de um entendimento e talvez a motivação no sentido da criação do próprio negócio. Portanto, enfatizam o desenvolvimento de habilidades e conhecimentos técnicos orientados para negócios que visem o lucro financeiro; e os programas de *enterprise education* buscam desenvolver as habilidades e os atributos de um indivíduo empreendedor, e não apenas a motivação para negócios que visem lucros (Fowler, 1994).

2.4 Programas de Desenvolvimento de Empreendedorismo (PDEs)

Tendo visto que educação empreendedora pode ser um meio de capacitar potenciais empreendedores, outra questão a ser respondida seria como desenvolver programas ou cursos para tal objetivo, isto é, capacitar potenciais empreendedores.

Stevenson (1990, p. 2) comenta que, para o desenvolvimento de um programa de educação empreendedora, a experiência mostra que se devem balancear os objetivos do currículo entre as disciplinas oferecidas e o desenvolvimento da cultura. O Programa da Escola de Administração de Harvard se orienta de acordo com quatro elementos do processo pedagógico:

- Conhecimento técnico (Finanças, Marketing, RH etc.).
- Habilidades que são úteis para o ambiente atual e habilidades de ganhar conhecimento de como o mundo muda - "aprender a aprender".
- Alternativas de aprendizagem - não existe só um caminho certo.
- Atitudes - a potencialidade de certas atitudes empreendedoras pode ser demonstrada, e cabe ao indivíduo aceitá-la e desenvolvê-la em seu processo decisório diário.

Esse comentário vem ao encontro de opiniões, já mencionadas, relacionadas ao perfil e às habilidades do indivíduo e que podem ser desenvolvidas por intermédio do emprego de educação empreendedora.

Hisrich (1992, p. 36) apresenta um modelo geral para a criação de programas de desenvolvimento de empreendedorismo (PDE) em universidades (Figura 1). Enquanto a educação, o treinamento e a pesquisa são partes do programa em educação empreendedora que operam ao mesmo tempo, esse modelo organiza a parte prática do programa, considerada pelo autor como a mais difícil. Quando um indivíduo (inventor, empreendedor) tem uma ideia ou habilidade para fazer algum produto ou serviço, o programa propicia a avaliação técnica, os estudos de viabilidade comercial, o desenvolvimento ou as modificações no produto e as avaliações que sejam necessárias, por professores e estudantes, tanto pela visão técnica quanto empreendedora.

As boas ideias constituem a base para um plano de negócios que visa a criação de uma nova empresa; caso um financiamento seja necessário, um fundo voltado para pequenos (*seed money)* investimentos financeiros seria utilizado. Todos os participantes envolvidos na criação da empresa (universidade, estudantes, inventores, empreendedores etc.) poderiam dividir a propriedade da empresa criada e, dessa maneira, repartir os lucros da nova empresa.

Patel (1992, p. 17) comenta que o processo de aceitação, internalização e implementação do PDE, com base sustentada, resulta na institucionalização do programa. O processo poderia ser iniciado por uma organização existente ou uma desenvolvida para essa proposição, com a intervenção do Estado ou de uma agência de desenvolvimento internacional. Similarmente aos ingredientes descritos por Hisrich (1992), o autor sugere passos importantes para a criação de PDEs.

Percebe-se que ambas as propostas se apresentam em concordância. Contudo, Patel (1992) foi mais abrangente, pois engloba aspectos externos ao ambiente da instituição organizadora do programa, considerados importantes pelo autor. Este e vários outros autores, como Gibb (1992, p. 7) e Jonnisson (1992, p. 100), ressaltam os aspectos de segmentação de mercado para o progra-

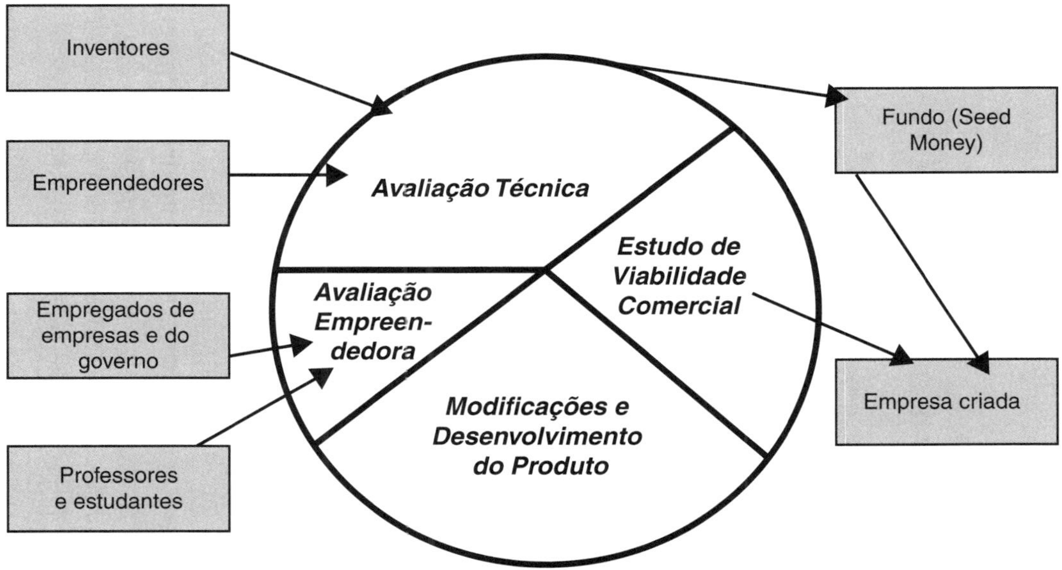

Figura 1 Modelo geral para PDE

ma, ou seja, para quem se destina o PDE. Compartilhando essa opinião, Abainza (1992) comenta que sua experiência inicial com PDE atraiu e treinou um público menos necessitado de assistência, em vez de atender a quem mais precisasse (p. 25).

3. O PROJETO ESCOLA DE EMPREENDEDORES E O CENTRO GEFEI

Em 1996, o Projeto Escola de Empreendedores da então Escola Federal de Engenharia de Itajubá (EFEI, atual UNIFEI), em parceria com o Programa Prodenge/Reenge, o Instituto Euvaldo Lodi (IEL/Fiemg), o Sebrae e a EFEI Júnior (Empresa Júnior da UNIFEI, então Escola Federal de Engenharia de Itajubá [EFEI], foi implementado com o objetivo principal de desenvolver as microempresas e as pequenas e médias empresas da região e desenvolver o perfil empreendedor nos alunos da universidade. Como parte do projeto e estratégia integrante do Projeto Tecnópolis de Itajubá, nesse mesmo período foi criado o Centro de Empreendedorismo GEFEI, que tem como principal filosofia desenvolver PDEs que buscam desenvolver três blocos de habilidades – técnicas, gerenciais e empreendedoras. Cabe aqui frisar que o centro não é uma organização física à parte da instituição, isto é, correndo em paralelo com outras atividades existentes. Pelo contrário, trata-se de uma forma de educação e treinamento diferente dos moldes tradicionais. Dessa maneira, utiliza a educação empreendedora como meio de formar os alunos dos diversos programas de graduação da instituição. Qualquer disciplina oferecida constitui uma oportunidade de desenvolver no aluno as características e os atributos de um perfil empreendedor, entre os quais destacam-se: visão, necessidades de realização, autodeterminação, risco calculado, autonomia, liderança, inovação etc.

Como primeiros passos em educação empreendedora, por intermédio do Projeto Escola de Empreendedores, foi criado um programa de estágio em microempresas e pequenas empresas (MPEs) para os alunos da instituição. Sob a gerência da EFEI Júnior, os alunos do projeto ofereciam seu conhecimento técnico e recebiam treinamento gerencial específico para o desenvolvimento de um trabalho final de graduação, com o objetivo de apresentar um diagnóstico gerencial e um plano de ações para as empresas participantes no programa. Esse projeto trouxe como resultados imediatos as seguintes premiações: a) Prêmio Sebrae Nacional – 1997, na categoria Pesquisa e Desenvolvimento (Honra ao Mérito); b) Prêmio Empresa Jr. do Ano – 1996 & 1997, no Estado de Minas Gerais. Esses prêmios foram importantes para obter reconhecimento e maior apoio da universidade. Hoje em dia, a Empresa Júnior da instituição, UNIFEI Júnior, tem autossuficiência baseada na estratégia desse projeto, isto é, trabalhar com a MPEs.

4. MODELO DE PESQUISA E DESENVOLVIMENTO PDEs

A fundamentação teórica do modelo de pesquisa e desenvolvimento de PDEs, conforme a Figura 2, a seguir, baseia-se sobretudo nas experiências e propostas de programas de desenvolvimento de empreendedores existentes e levantadas na revisão literária e de sua aplicação em dois casos considerados de sucesso (Fowler, 1997). Esse modelo busca entender como os vários componentes do ambiente externo (clientes, redes de apoio e contexto local) e do ambiente interno (a instituição com seus professores e infraestrutura disponível) interagem, de maneira positiva ou negativa, com o PDE existente. Também se procurou entender como os resultados internos e externos são obtidos para avaliação e monitoramento, servindo, assim, de retroalimentação do PDE.

Os principais dados e as informações pertinentes aos objetivos desse estudo são obtidos através de um conjunto de questões orientadas pelo modelo de pesquisa descritas a seguir:

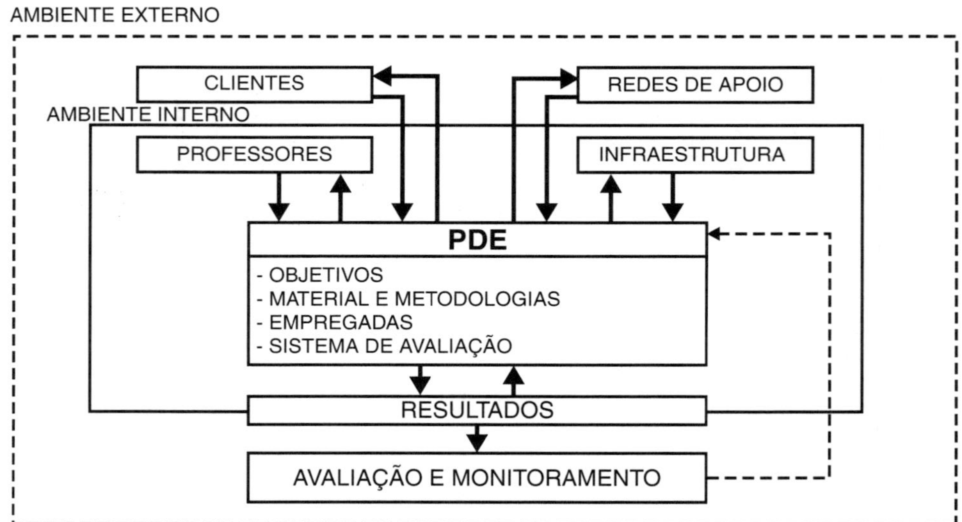

Figura 2 Modelo de Pesquisa

a) *Contexto local* – como era a situação econômico-social antes do PDE? De que maneira esse contexto local influenciou na criação do PDE? Existem aspectos que dificultaram a implementação e o desenvolvimento do PDE? Quais e por quê?
b) *Clientes* – quem são os potenciais candidatos a participar do PDE (para quem se aplica)? De que maneira eles são recrutados e selecionados para o PDE?
c) *Redes de apoio* – existe alguma forma de apoio por parte de empresas, empresários, governo, órgãos não governamentais ou outras instituições?
d) *Professores* – qual o perfil dos professores do PDE? Existe alguma forma de treinamento para eles? Como eles são recrutados e selecionados para fazer parte do PDE? De que maneira eles podem auxiliar no PDE? Como eles são vistos pela instituição e participantes do PDE? Houve algum tipo de barreira por parte dos professores participantes em relação ao PDE? Como essas barreiras foram superadas?
e) *Infraestrutura* – quais são os recursos (humanos, materiais e financeiros) disponíveis pela instituição para o PDE? Como e por que a instituição aceitou apoiar o PDE? Quais foram as barreiras encontradas na instituição que dificultaram ou dificultam, de alguma forma, o PDE? Como foram e estão sendo superadas?
f) *Programa de Desenvolvimento de Empreendedores* – como foram definidos e quais são os objetivos do PDE? Descrever o PDE em termos de conteúdo programático, metodologias empregadas, carga horária e sistema de avaliação dos participantes.
g) *Resultados* – há quanto tempo o PDE existe e quantas pessoas participaram dele? Que aspectos do PDE são vistos como resultados positivos e importantes para ele? De que forma os resultados do PDE são registrados?
h) *Avaliação e monitoramento* – como o PDE é avaliado pela instituição e externamente a ela? Como é avaliado por participantes egressos do programa? Como essa avaliação é utilizada para retroalimentação do PDE?

5. PDEs DE SUCESSO DO GEFEI

A partir da conceituação de educação empreendedora e da proposta do modelo de pesquisa e desenvolvimento já apresentados, o Centro GEFEI (Fowler, 2003) da Universidade Escola Federal de Itajubá (Unifei) criou vários PDEs dos quais dois serão apresentados a seguir.

5.1 EFA – Programa Entrepeneurship For All

Com base no modelo descrito, que dá ênfase ao intraempreeendedorismo, foi desenvolvido, em parceria com o grupo Schlumberger, o Programa Entrepreneurship For All, que almeja os seguintes objetivos:

- Melhorar as habilidades gerenciais de novos contratados.
- Incorporar e desenvolver a cultura empreendedora.
- Envolver o participante em projetos reais e de interesse da empresa.
- Avaliar com frequência o participante em diversas situações interdisciplinares.
- Apresentar aos participantes os valores e a cultura da empresa.
- Estreitar o relacionamento universidade/empresa.

O programa é desenvolvido em 14 semanas e envolve a participação de, quase, 12-15 estagiários da Schlumberger em atividades realizadas na UNIFEI e em empresas do grupo. Nas três primeiras semanas, tais atividades consistem em um *workshop* que abrange os tópicos descritos no conteúdo programático e um projeto de criação de um negócio sob a tutoria (*coaching*) de professores da universidade.

Na Schlumberger, está prevista a realização de 12 projetos (4 equipes de 3 a 4 participantes) nas empresas do grupo e 4 cursos gerenciais: gestão de recursos humanos, marketing, finanças e operações.

Portanto, o programa completo abrange o seguinte conteúdo:

Conteúdo	Carga Horária
Introdução: Apresentação do programa; definição do projeto I e trabalho de criatividade.	4 horas
***Worshop* Semana I:** Apresentação Geral – Filosofia Petra (2 horas); Comunicação Interpessoal – Jogo da Empatia e Técnica: Como Ouvir (4 horas); Componentes do Processo de Comunicação: Desenho do *Ardvark Worshop* Part I – Jogo dos Quadrados (6 horas); Técnicas de Autoaprendizagem: Como Estudar/Pesquisar/Resumir (8 horas); Técnicas de Trabalho em Grupo: de 12 Características Pessoais; Aplicação de Dinâmicas de Grupo: GVGO – Jogo da Nasa (12 horas) e Técnicas de Transferência e Resolução de Problemas (5 horas).	36 horas
***Worshop* Semanas II e III:** Relatórios Profissionais (8 horas) – *Learning Test*, Comunicação Oral e Escrita; Liderança (8 horas); Visão (8 horas); Teoria EE, Filme Tucker, Estudo de Casos, *GET Test* e Exercício de Visão; Criatividade (8 horas); Atividade Toc na Cuca, Empresa "Sucata"; Negociação e *Networking* (8 horas); Jogo XY, Técnicas de Negociação, Mapeamento da Rede de Relacionamento, Exercício de Relações, Busca de Informação e Apresentações de Comunicação Oral e Escrita (8 horas); Consultoria Projeto I, Apresentação Projeto I (8 horas); Comentários e Conclusões e Atendimento Pessoal (16 horas).	40 horas
Projeto I Criação de um Negócio (ocorre ao mesmo tempo que o *workshop*)	
Cursos Gerenciais – Finanças, Marketing, Operações e RH (32 horas – UNIFEI e 8 horas – SLB): Fundamentos Teóricos; A Atividade Gerencial na Schlumberger e um Caso Prático.	40 horas /curso
Projetos II, III, IV	

5.1.1 Os projetos

Trata-se do cerne do processo de desenvolvimento empreendedor. Com base na utilização de projetos reais, os participantes são colocados em situações de aprendizagem que tornam possível a formação de um perfil profissional mais apropriado para o mercado. Esses projetos duram duas semanas para a apresentação dos resultados à empresa. O processo de avaliação deles (incluindo-se a performance dos participantes no EFA) é realizado pelos tutores e também pelos gerentes e responsáveis da empresa para verificação da qualidade apresentada e, sobretudo, a viabilidade de implementação real. Alguns projetos realizados são:

- Estudo para redução do consumo de energia elétrica das bases.
- Avaliação para implantação da norma ISO 14001 em uma base.
- Desenvolvimento de um software para auxílio na fase de estudos de impactos ambientais em uma plataforma petrolífera.
- Estudo de melhoria para logística de utilização dos veículos para transporte de pessoal e material.
- Proposta de novo *layout* para a sala dos engenheiros.
- Mapeamento da logística de equipamento e pessoal em uma base.
- Desenvolvimento de metodologia para qualificação de fornecedores locais.
- Avaliação do plano de negócios de um novo serviço.
- Plano de manutenção de equipamentos de uma base.
- Avaliação e qualificação de fornecedores de serviços de usinagem.

5.1.2 Resultados

Os resultados de curto prazo relacionados à implementação de vários projetos realizados pelos participantes têm provocado melhorias nos vários processos operacionais da empresa e, consequentemente, ganhos de produtividade, além de ter coberto todos os investimentos no programa. Apesar de estes não serem os objetivos do programa, que já está em seu sétimo ano, tem sido de extrema valia para sua continuidade, o que permite avaliar os resultados principais de médio e longo prazos referentes, ou seja, o desenvolvimento do perfil desejado pelos profissionais participantes.

Mesmo que ainda não seja possível garantir o sucesso dele, pode-se já observar um diferencial entre os participantes do programa contratados pela empresa com relação aos profissionais recém-contratados e que ainda não participaram dele. Essa observação é expressa por vários gerentes que acompanham os novos funcionários na organização como também no desempenho deles em programas de treinamento internos da corporação. Após treinar 120 engenheiros nesse programa, observa-se, através dos meios internos de avaliação e promoção na carreira, que os resultados deles estão acima da média dos resultados gerais de todos os engenheiros na empresa.

5.2 Programa de graduação em administração com linha de formação específica em empreendedorismo e negócios

Lançado em 1998, esse curso baseou-se inteiramente na teoria e no modelo de educação empreendedora já descritos e apresenta as seguintes características:

- Número de vagas anuais: 35
- Turno de funcionamento: noturno
- Regime de matrícula: seriado/anual
- Integralização do curso: mínimo em cinco anos e máximo em sete anos
- Carga horária total: 3.075 horas + 300 horas (mínimo) de estágio supervisionado

5.2.1 Objetivos do perfil do profissional

O administrador deverá, cada vez mais, adaptar-se às rápidas mudanças socioeconômicas. Sendo assim, além de forte conhecimento técnico-gerencial, esse profissional necessita apresentar a capacidade de sempre aprender e, sobretudo, possuir características e atributos empreendedores que, entre os quais, ressaltamos: visão de futuro; liderança; autonomia; criatividade; perseverança; ser arrojado (arriscar-se). Com isso, o administrador, além de atender às necessidades das grandes e médias corporações, terá também como opção de carreira atuar nas microempresas e pequenas empresas como consultor ou gerente, quanto empresário, e, também, um gerador de empregos.

5.2.2 Disciplinas da área de empreendedorismo

ADM-02. Introdução às Microempresas e Pequenas Empresas: duas aulas/semana – 60 horas. Definição: pequenas empresas. O empreendedor. O papel da pequena empresa na sociedade. Teorias de empreendedorismo. Pequenas empresas na estrutura econômica. Contribuição da pequena empresa para os objetivos econômicos e sociais.

ADM-04. Empreendedorismo I: três aulas/semana – 90 horas. Introdução. Empreendedores: características, competências. Negociação. Imaginação. Criatividade. Cultura empreendedora. Campo do empreendedorismo. Inovação. Detecção de oportunidades. Apoio para o empreendedorismo. Alternativas empreendedoras. Planejamento empreendedor.

ADM-19. Empreendedorismo II: três aulas/semana – 90 horas. Comprometimento. Sistemas de informação. Detecção de oportunidades. Autoconfiança. Responsabilidade social e ética. Controle empreendedor.

ADM-23. Tópicos Especiais em Empreendedorismo e MPEs: três aulas/semana – 90 horas. Administração familiar. Sociedades. Intraempreendedorismo. Autônomos. Empreendimentos caseiros. Exportação para MPEs. Franquias. Aconselhamento (consultoria).

ADM-17. Criação de Empresas – Trabalho Final de Graduação: cinco aulas/semana – 150 horas. Estratégia. Identificação de fatores de sucesso no processo de criação. Geração de ideias e avaliação. Validação das ideias. Planejamento de recursos e padrões. Plano de negócio. Negociação de recurso. Criando a empresa: Planejamento de Marketing, Financeiro, Recursos Humanos, Operacional e Gestão de Informações.

5.2.3 Metodologia de aprendizagem

Para desenvolver tais capacidades, faz-se necessário o uso de vários processos de aprendizagem, como: a) *workshops* e discussões em grandes grupos; b) revisões críticas; c) apresentações; d) ensino em pares; e) aconselhamento em pares; f) resolução de problemas reais; g) simulação de resolução de problemas; h) debates; i) estudo de casos; j) uso de incidentes críticos; k) enfoque de consultorias e aconselhamento (*coaching*); l) aprendizagem por experiências; m) *brain storming;* n) aprendizagem investigativa; o) vídeo interativo; p) aprendizagem baseada em informática; q) seminários; r) aulas expositivas; s) apostilas, livros textos etc.

Os estudantes e os professores (facilitadores), em conjunto, estabelecerão o Plano de Aprendizagem da Disciplina. De uma maneira geral, ele tratará dos seguintes aspectos:

1) Objetivos: para facilitar o controle e a avaliação da aprendizagem, é obrigação do facilitador expor com clareza aos participantes da disciplina os resultados almejados no final da disciplina.

2) Conteúdo: além do conteúdo já programado para a disciplina, tem-se a flexibilidade de inclusão de tópicos especiais pertinentes.
3) Estratégia: são discutidos com os alunos e professores recursos necessários (materiais, humanos etc.), trabalhos e atividades extraclasse.
4) Avaliação: a avaliação da aprendizagem abrangerá:
   - a **autoavaliação** do estudante com relação ao aperfeiçoamento;
   - a **avaliação feita pelos pares**. Avaliar a si mesmo e discutir com os demais colegas é fundamental ao crescimento pessoal e do grupo;
   - a **avaliação feita pelos professores (facilitadores)**, do desempenho, de seus alunos;
   - a **avaliação do docente**. Qualquer profissional que deseje crescer precisa de *feedback* de seu trabalho;
   - a **avaliação da disciplina** para que ela mantenha-se num processo de remodelagem contínua, de maneira que nunca chegue à obsolescência.

A avaliação deve se constituir num momento construtivo, em que a troca de opiniões justas e francas, em clima de confiança, conduzirá todos rumo à excelência na aprendizagem.

5.2.4 Resultados

Após 12 anos de criação do curso e graduação de seis turmas (150 egressos), o curso obteve os seguintes resultados:

Avaliação das Condições de Ensino realizada pelo Instituto Nacional de Estudos e Pesquisas Educacionais Anísio Teixeira/Ministério da Educação (Inep/ME):

- Em 6/2003: CMB – Projeto Pedagógico; CMB – Corpo Docente; CB – Infraestrutura.
- Exame Nacional de Cursos de Graduação (Provão): só duas turmas (de 2002 e 2003) foram submetidas a esse exame, e ambas obtiveram o conceito máximo "A", estando também classificadas entre as melhores com esse conceito.
- Exame Nacional de Desenvolvimento de Estudantes (ENADE): apenas um exame aplicado (2006) conquistou a média máxima cinco (5); sendo classificado em 1º lugar em conhecimentos específicos e em 2º lugar em conhecimentos gerais.
- Empregabilidade: ressaltamos que, além de vários egressos terem sido contratados por grandes empresas nacionais e globais, nas quais foram avaliados positivamente quanto ao aproveitamento pelos administradores, constatou-se a contratação de graduados do curso em várias microempresas e pequenas empresas (25%). Outro fato almejado pelo curso está na formação de empresários. Até o presente momento, já foram criadas mais de 10 empresas.

5.3 Novos e futuros PDEs

Como projetos e PDEs implantados ou em processo de implementação do Centro GEFEI temos:

a) **Disciplina de empreendedorismo** em todos os programas de graduação e pós-graduação da UNIFEI (opcional ou obrigatória): apesar de não ser a solução ideal para implementar a educação empreeendedora em um curso, ela serve como *semente* (conscientização) no processo de formação de alunos que ainda não foram expostos às metodologias;
b) **Prêmio de Plano de Negócios:** iniciado há três anos na UNIFEI, visa criar um processo que estimula os participan-

tes a pensar que criar o próprio negócio pode ser mais uma oportunidade em sua carreira;

c) **Seminário de Empreendedorismo – Sempre:** evento voltado para apresentação de artigos e palestras de especialistas da área. Tem como objetivo principal estimular os alunos e docentes da instituição a pesquisar e repartir conhecimento e experiências. Em 2008, o Sempre tornou-se internacional, pois trouxe especialistas reconhecidos em todo o mundo;

d) **Criação do Centro de Empreendedorismo & Inovação:** programado para meados de 2011, tem por objetivo estimular a criação e o desenvolvimento de negócios de base tecnológica; para isso já foi alocada uma área de quase 640m^2 para a criação das seguintes infraestruturas:
    1) **Laboratório de Pesquisa-ação em Empreendedorismo:** local para desenvolvimento e aplicação de novas metodologias de aprendizagem focadas em educação empreendedora.
    2) **Baias de Pré-incubação:** espaços reservados para grupo de alunos/docentes em projetos de criação de negócios de base tecnológica. Tais grupos receberão infraestrutura de apoio em forma de treinamento e *coachng* para melhoria do processo de incubação da potencial empresa.
    3) **Laboratório de Inteligência Competitiva:** estrutura de apoio à busca de informações estratégicas para o centro e seus usuários/clientes.
    4) **Salas de reuniões.**
    5) **Sala de pesquisa e aconselhamento.**
    6) **Salas de treinamento e aperfeiçoamento.**

e) **Programa de Mestrado em Administração com linhas de Pesquisa em Empreendedorismo, Inovação e *Private Equity*:** programado para início de 2011.

6. COMENTÁRIOS E RECOMENDAÇÕES FINAIS

Como descrito, as habilidades técnicas, apesar de essenciais, não garantem a competência de um bom gestor de negócios. As habilidades gerenciais e empreendedoras fazem parte do perfil ideal desse profissional. As instituições formais de educação devem ter em mente que as metodologias tradicionais de ensino e aprendizagem não se apresentam como estratégias apropriadas para desenvolvimento de tais habilidades.

A educação empreendedora coloca-se como uma possível proposta para enfrentar as dificuldades de acompanhar e ultrapassar os grandes desafios globais e, assim, formar indivíduos empreendedores aptos para gerenciar projetos importantes. Tal perfil empreendedor é fundamental para preencher o requisito de recursos humanos em organizações baseadas em estruturas de *empowerment*, como também para a busca de futuros gerentes de negócios próprios em um mundo globalizado e competitivo.

REFERÊNCIAS

BENETT, J. R.; MCCOSHAN, A. *Enterprise and human resources development – local capacity building.* Londres: Paul Chapman Publishing, 1992.

BROCKHAUS, R. H. "Entrepreneurship education: a research agenda". The Art & Science of Entrepreneurship Education. F. Hoy, T.G. Monroy e J. Reichert. Berea, CA, Monroy Educational Systems, Inc. 1:9-13.

BYGRAVE, W. D. *The portable MBA in entrepreneurship.* Nova York: John Wiley & Sons, 1994.

COMINI, G. "Realidade e perspectivas das escolas de administração do Brasil: um enfoque estratégico". In: ENCONTRO ANUAL DA ANPAD, Curitiba, 1994.

COTTON, J. *Enterprise education experience.* Durhan: Durhan University Business School, 1990.

_____. *Enterprise education. an evaluation study of entreprise education in the North of England.* Durhan: Durhan University Business School, 1994.

FILION, J. L. "Vision and entrepreneurship relation. Elements for an entrepreneurial metamodel". *International Small Business Journal,* v. 9, n. 2, jan. 1991.

_____. "Ten steps for entrepreneurial teaching". In: NEDI (NATIONAL ENTREPRENEURSHIP DEVELOPMENT INSTITUTE) NATIONAL CONFERENCE ON ENTREPRENEURSHIP EDUCATION, 2., 1992, Moncton (Canadá).

FOWLER, F. R. "Entrepreneurship/enterprise – entrepreneurs/owner-managers: definitions". Trabalho realizado para curso de Educação Empreendedora na Durham University Business School, Durhan, 1994.

_____. "Programas de desenvolvimento em empreendedorismo. um estudo de casos: FEA-USP e DUBS". 1997. Dissertação (Mestrado em Administração) – Faculdade de Economia, Administração e Contabilidade, Universidade de São Paulo, São Paulo.

_____. "GEFEI – um centro de desenvolvimento em empreendedorismo". In: SBRAGIA, Roberto; STAL, Eva (Eds.). *Tecnologia e inovação*. São Paulo: Atlas, 2003.

GIBB, A. A. "Do we really teach (approach) small business the way we should?" International Entrepreneurship Teachers (INTENT) Conference. University of Economics. Áustria, June, 1993.

_____. "Creating conductive environments for learning and entrepreneurship". *Industry and Higher Education*, p. 135-148, jun. 2002.

HORNADAY, J. A. "Research about living entrepreneurs". In: *Encyclopedia of Entrepreneurship*. Englewood Cliffs, NJ: Prentice Hall, 1982. p. 20-34.

LENKO, M. "Entrepreneurship: the new tradition". *CMA Magazine*, jul./ago. 1995.

NAISBITT, J. *Megatrends 2000*. 5. ed. São Paulo: Amana-Key, 1990.

OLIVEIRA, J. M. AMARAL. *Origem e evolução do pensamento estratégico*. Rio de Janeiro: Escola Superior de Guerra, 1986.

STOKES, DAVID. *Small business management. an active-learning approach*. Londres, DP Publication Ltd., 1995.

TEIXEIRA, G. J. W. "Introdução aos conceitos de educação, ensino, aprendizagem e didática". Disponível em http://www.serprofessoruniversitario.pro.br/ler.php?modulo=12&texto=725. Acesso em: abril 2010.

TOFLER, A. *Aprendendo para o futuro*. Rio de Janeiro: Artenova, 1977.

VERMAAS, L. L. G.; CREPALDI, P. C. "PETRA Model: An Alternative for Engineering Education". In: Proceedings of the 1st International Conference on Engineering Education-ICEE97. Chicago, v. II, p. 571-577, agosto 1997.

CAPÍTULO 7

Estratégias para implementação de Programas de Educação Empreendedora (PEE) em Instituições de Ensino Superior (IES), com base na análise de traços da cultura organizacional

RENATO FONSECA DE ANDRADE
EMERSON MORAIS VIEIRA
ANA LÚCIA VITALE TORKOMIAN

Objetivos do capítulo: apresentar elementos que permitam a reflexão, por parte de dirigentes educacionais, coordenadores e professores, sobre estratégias para implementação de PEE em IES.

Tópicos

a) Cultura organizacional: considerações conceituais.
b) Metodologia para análise de traços da cultura organizacional com convergência para programas de educação empreendedora.
c) Exemplo de formulação de estratégia para implementação de PEE em IES.
d) Apresentação de ferramentas de apoio para implementação de PEEs em IES.

Este capítulo apresenta a importância da construção de um ambiente organizacional propício à difusão da cultura empreendedora, focando os aspectos da cultura organizacional e de estratégias que possibilitem mudanças. Nesse âmbito, propõe relações considerando a organização Instituição de Ensino Superior e a implantação e evolução de um Programa de Educação Empreendedora.

1. CULTURA ORGANIZACIONAL: CONSIDERAÇÕES CONCEITUAIS

Segundo Hatch (1996, p. 14-15), as organizações são conceituadas como um conjunto de tecnologias, estruturas sociais, culturas e estruturas físicas que interagem umas com as outras em um ambiente que elas ajudam a construir.

Nessa representação, para Hatch (1996) tecnologia significa a maneira como a organização produz resultados e pode ser definida em termos dos produtos e das ferramentas e equipamentos utilizados em sua produção; das atividades e dos processos que constituem seus métodos de produção e do conhecimento necessário ao desenvolvimento e à aplicação de ferramentas, métodos e equipamentos para a geração do resultado desejado.

A estrutura social organizacional refere-se aos relacionamentos entre pessoas, posições e as unidades organizacionais às quais elas pertencem. Esses relacionamentos são influenciados pela hierarquia, divisão do trabalho, regras e procedimentos formais adotados pela organização. Existem vários tipos de arranjos sociais, como a estrutura funcional (o tradicional organograma), a estrutura multidivisional, a estrutura matricial e as estruturas híbridas.

Um item que compõe a organização e que é fundamental para a criação de um ambiente favorável aos programas de empreendedorismo é chamado de cultura organizacional. O conceito de cultura foi, assim, desenvolvido para representar, em um sentido mais amplo e holístico, as qualidades de qualquer grupo humano específico que passem de uma geração para a seguinte (Kotter e Heskett, 1994, p. 3).

Dentro de um ambiente organizacional, pode-se constatar que a cultura existente apresenta variações decorrentes das múltiplas personalidades das pessoas. Da mesma forma, pode-se considerar que exista uma cultura própria em cada organização, resultante de uma série de influências e interações dos vários agentes que estabeleceram algum tipo de relacionamento no âmbito organizacional.

Existem vários modelos que procuram explicar como a cultura atua nas organizações. Por exemplo, Kotter e Heskett (1994, p. 4) propõem que no âmbito da cultura organizacional existam dois níveis que devem ser considerados. Um nível mais profundo e menos visível, no qual a cultura é formada por um conjunto de valores que são compartilhados pelas pessoas e permanecem no tempo, e um nível mais visível, no qual a cultura é expressa pelos padrões de comportamento das pessoas e pelo estilo da organização. O primeiro nível apresenta maior resistência às mudanças, enquanto o segundo nível é mais fácil de mudar.

Outro modelo, proposto por Schein, em torno de 1980, tornou-se um importante referencial para a teoria das organizações. Nele, a cultura existe em três níveis:

- Superfície, onde são encontrados artefatos visíveis.
- Abaixo do nível dos artefatos, onde são encontrados as normas e os valores.
- Bem profundo, onde são encontradas as crenças e proposições básicas.

No nível profundo estão as crenças e proposições, que são a base da cultura organizacional. As proposições representam tudo que os membros da organização acreditam ser real e que exerce influência na maneira como percebem e pensam o mundo que os rodeia. As proposições são, muitas vezes, inacessíveis e inconscientes. Por exemplo, a certeza de que precisamos de oxigênio para viver está tão incutida no ser humano que não é questionada nem se pensa sobre isso. Dessa forma, as proposições básicas estão internalizadas nos membros de uma cultura de uma maneira que são verdadeiras e não estão abertas para debates (Hatch, p. 210).

As proposições filtram o olhar dos membros da organização para o mundo, como se fosse uma lente que colore e dá contornos específicos ao fato observado, criando uma realidade específica. Em uma organização, Schein classifica as proposições em duas categorias: adaptação externa, que abrange a missão e a estratégia, as metas e os sistemas de controle, e integração interna, que envolve as questões sobre linguagem comum, fronteiras entre grupos, premiações e punições, status e relações de poder.

Antes do nível da superfície, está o nível das normas e dos valores, que se traduzem sobretudo em princípios sociais. Tais princípios estabelecem o que deve receber atenção dos membros da organização, como a liberdade, a democracia, a lealdade, a riqueza etc. Os valores constituem uma espécie de código moral ou ético e atuam como uma referência para o que é certo ou errado. Os membros de uma organização normalmente zelam pela manutenção dos valores, dessa forma as tentativas de mudanças ficam por conta de membros marginais, como os revolucionários ou pessoas externas à organização.

As normas são associadas com os valores. "Elas são regras não escritas que permitem aos membros de uma cultura saberem o que se espera deles em uma ampla gama de situações" (Hatch, p. 214). Assim, enquanto os valores especificam aquilo que deve ser importante para os membros de uma cultura, as normas estabelecem o tipo de comportamento que os membros devem esperar dos outros. Um exemplo pode ser o fato de não conversar em um cinema. Nesse caso o valor existente é a cortesia, que foi traduzido para a norma não conversar durante a sessão (Hatch, p. 214).

No nível da superfície encontram-se os artefatos que são as evidências das características da cultura de uma organização. Os artefatos são visíveis, tangíveis e audíveis e gerados pelas normas, valores e proposições culturais. Como exemplos de artefatos podem ser citados os objetos físicos produzidos pelos membros de uma cultura, manifestações verbais e escritas, rituais, cerimônias etc. Os artefatos são os elementos mais acessíveis de uma cultura e podem ser observados por qualquer pessoa. No entanto, interpretações erradas sobre valores, normas e proposições que geraram determinado artefato podem ser realizadas com facilidade por indivíduos, incluindo pesquisadores que não estejam conscientes do fenômeno cultural ali presente (Hatch, p. 216-217).

O modelo de Schein sugere então que as proposições e crenças são o cerne da cultura. A partir dessa base são reconhecidos as normas e os valores que são mantidos pelos membros da cultura. Por sua vez, os valores e as normas influenciam as escolhas e outras ações tomadas pelos indivíduos que direcionam suas ações para a produção de artefatos.

É importante notar que o fluxo de criação da cultura apresenta direcionamento bilateral, isto é, proposições que geram valores e normas que geram artefatos. No entanto, em decorrência de suas interpretações, os artefatos podem também transformar os valores e as proposições que os produziram no início. "Isso ocorre porque os artefatos e as normas são conscientes e utilizados de forma criativa pelos membros para expressar sua identidade e formular e demonstrar seus propósitos." (Hatch, p. 217)

A Figura 1 ilustra o modelo de Schein, que é adotado como referencial teórico neste texto, em decorrência de sua abrangência conceitual.

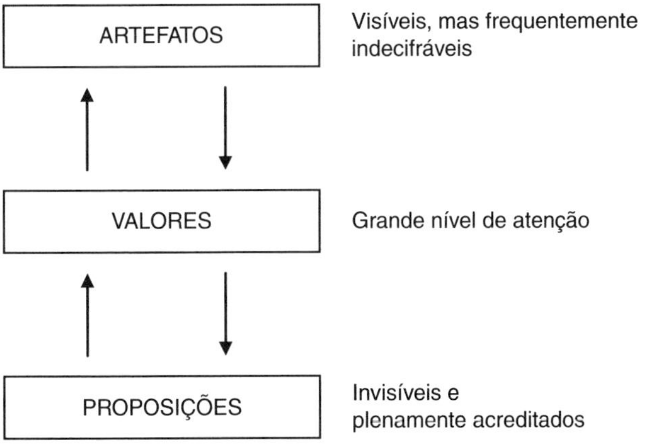

Figura 1 O modelo de Schein – três níveis de cultura

Fonte: Adaptada de Hatch (1996).

Considerando os aspectos conceituados, as seções seguintes descrevem a metodologia e a aplicação de método para compreensão de elementos da cultura organizacional de uma IES no que se refere a programas de educação empreendedora.

2. METODOLOGIA PARA ANÁLISE DE TRAÇOS DA CULTURA ORGANIZACIONAL COM CONVERGÊNCIA PARA PROGRAMAS DE EDUCAÇÃO EMPREENDEDORA

Uma instituição de ensino superior ajusta-se com perfeição aos conceitos de organização já expostos.

Com relação à implantação e evolução de um PEE, é importante considerar que todos os argumentos utilizados para justificar essas atividades, por mais coerentes que pareçam, podem ou não ser suficientes para gerar, em uma organização, um comprometimento adequado.

Além disso, poderá haver questões profundas e enraizadas nos procedimentos praticados e nos modelos mentais dos componentes dessa organização que interfiram de maneira favorável ou desfavorável na nova proposta. Não prestar a devida atenção a esses fatores pode significar o fracasso do processo de implantação e evolução de um PEE ou o mau aproveitamento de recursos.

Essa última consideração permite o entendimento de que, em uma IES, o item organizacional que deve ser estudado com relação a uma proposta de implantação e evolução de um PEE é sua cultura, sendo os demais itens de menor relevância para esse propósito.

Dessa maneira, um estrategista organizacional que pretenda realizar a implantação e a evolução de um PEE em uma instituição de ensino superior deve, antes de tudo, analisar a organização que estará recebendo o programa. Em função das conclusões obtidas, serão definidos os direcionamentos que nortearão as ações. Efetuar a inserção de conceitos de empreendedorismo em IES sem essa compreensão prévia pode significar o fracasso da iniciativa e transformar essa questão em mais um modismo.

Um PEE incita em uma instituição de ensino superior uma série de situações que poderão tanto ser impulsionadoras do processo quanto restritivas, em decorrência das diversas subculturas existentes. Por exemplo, uma organização com tradição conservadora pode sentir-se constrangida ao lidar com dinâmicas para desenvolvimento do potencial criativo gerador de inovações com seus estudantes. Ou seja, podem existir fatores subliminares que impeçam a iniciativa de seguir adiante.

Em uma organização de ensino superior, podem ser identificadas potenciais populações formadoras de subculturas, como a equipe administrativa, o quadro de docentes e os alunos. Dentro de cada um desses grupos podem ainda ser encontradas outras diferenciações, provenientes de religião, idade, ideologias políticas ou outros fatores. A implantação e evolução de um PEE, entendidas como um processo de mudança organizacional, devem ser realizadas conforme uma estratégia definida de acordo com suas características organizacionais, sobretudo em seu aspecto cultural. Para isso é recomendável a pesquisa nas subculturas dos corpos docente e discente (Figura 2), por serem os principais atores relacionados à questão.

A escolha metodológica para a realização do estudo tem como base os preceitos da pesquisa qualitativa, tratando-se de um estudo de caso que tem como campo de trabalho a IES ou departamentos dela. As informações são coletadas através de entrevistas com membros das subculturas, com critérios definidos conforme as características de cada IES. Uma maneira de analisar os dados é através dos métodos de análise de conteúdo.

Segundo Bardin (1977, p. 31), "a análise de conteúdo é um conjunto de técnicas de análise das comunicações. Não se trata de um instrumento, mas de um leque de apetrechos; ou, com maior rigor, será um único instrumento, mas marcado por grande disparidade de formas e adaptável a um campo de aplicação muito vasto: as comunicações".

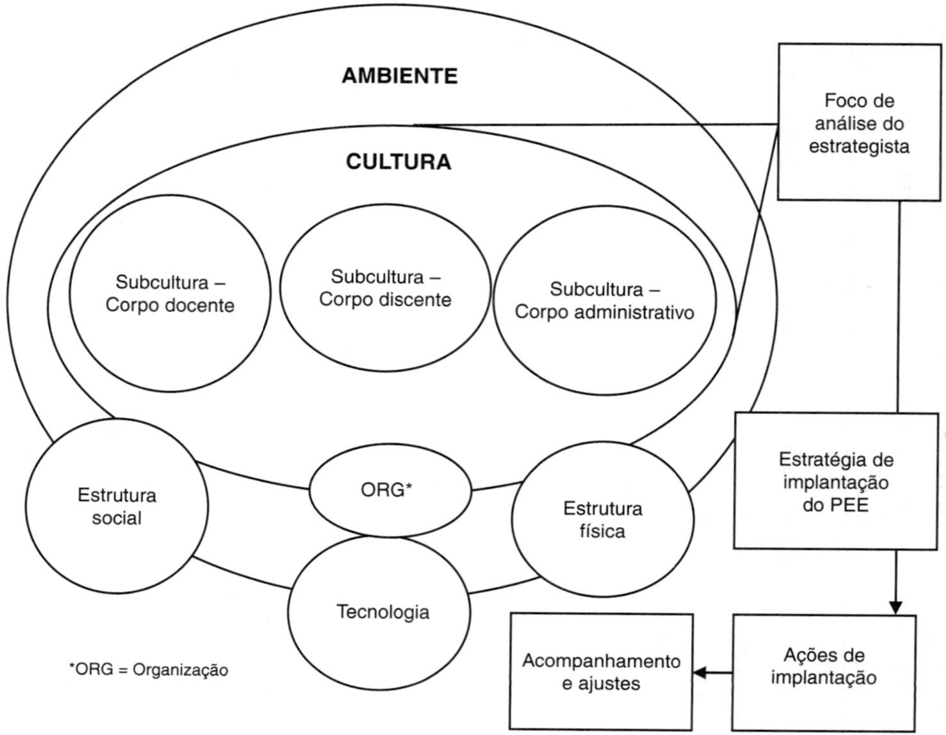

Figura 2 O modelo de análise estratégica para implantação e evolução de PEE em instituição de ensino superior.
Fonte: Adaptada de Andrade (2003).

Ainda conforme Bardin (1977, p. 153-222), existem várias técnicas para a realização de uma análise de conteúdo, entre elas: a análise de avaliação, a análise da enunciação, a análise da expressão, a análise das relações, a análise do discurso e a análise categorial, a mais antiga e a mais utilizada e que é recomendável para estudos dessa natureza.

A análise de conteúdo permite, através de indicadores específicos, o entendimento das mensagens coletadas nas entrevistas, no sentido de proporcionar condições que representem os traços culturais da população em estudo em relação ao tema. Na análise categorial, tais indicadores, classificados em uma codificação específica ou categorias, fornecem então os elementos necessários a uma análise conclusiva.

A título de exemplo, os seguintes aspectos poderiam ser abordados em entrevistas, considerando as subculturas corpo docente e corpo discente:

Subsistema cultural corpo docente:

1. Características do profissional contemporâneo.
2. Associações pessoais com a palavra empreendedorismo.
3. Experiência em abertura de empresas.
4. Relevância do fator abertura de empresas para a sociedade.
5. Participação em atividades relacionadas com o tema empreendedorismo.
6. Conhecimento de programa de educação empreendedora em instituições de ensino superior.
7. O empreendedorismo como direcionador de atividades na IES (ou no departamento).
8. Disposição pessoal para participar de um PEE e abertura para mudanças.
9. Reação da IES (ou do departamento) em relação a uma proposta de PEE.

Subsistema cultural corpo discente:

1. Percepção sobre o mercado de trabalho atual.
2. Características do profissional contemporâneo.
3. Associações pessoais com a palavra empreendedorismo.
4. Experiência em abertura de empresas.
5. Expectativa de atuação profissional no futuro.
6. Participação em atividades relacionadas com o tema empreendedorismo.
7. O empreendedorismo como direcionador de atividades na IES (ou no departamento).

Esse conjunto de abordagens permite, como exemplo, a proposição das seguintes categorias:

Categoria 1. Características do Profissional Contemporâneo
Categoria 2. Significado de Empreendedorismo
Categoria 3. Experiência Empreendedora
Categoria 4. Relevância
Categoria 5. Participação em Atividades Relacionadas a Empreendedorismo
Categoria 6. PEE como Diretriz da IES (ou do Departamento)
Categoria 7. Reação da IES (ou do Departamento)
Categoria 8. Modelo de Aula
Categoria 9. Alunos

Para Andrade (2003), a partir da categorização, as conclusões podem ser apresentadas segundo três abordagens, que têm a finalidade de proporcionar ao estrategista uma visualização de aspectos que, de modo complementar, contribuem para o resultado final:

- a primeira apresenta um mapa de relações para os subsistemas estudados na IES;

- a segunda efetua uma organização das informações coletadas em aspectos impulsionadores e restritivos à implantação/evolução de um PEE na IES;
- a terceira é a própria estratégia de abordagem da IES, formulada com base no ponto de vista do estrategista do PEE e à luz da compreensão obtida pelas abordagens anteriores.

3. EXEMPLO DE APLICAÇÃO DA METODOLOGIA

Pesquisa efetuada por Andrade (2003) em um departamento de uma instituição de ensino superior no Estado de São Paulo proporciona a apresentação de modelo para os estrategistas interessados na aplicação da metodologia em IES.

3.1 Mapa de relações

Os Quadros 1 e 2 retratam os desenhos dos mapas de relações relativos às subculturas corpo docente e discente, seguidos de exemplo de análise.

O conjunto de informações que compõem os dois mapas produz uma fotografia de alguns aspectos que representam a concepção de docentes e alunos com relação ao tema empreendedorismo e programas de educação empreendedora.

A observação dos dois quadros permite uma série de considerações. Segundo o entendimento do corpo docente, o mercado em transformação fornece os elementos para a definição das características necessárias ao profissional contemporâneo e, ao mesmo tempo, revela a importância da abertura de novos negócios, com o objetivo da geração de emprego e renda.

Todavia, o mercado apresenta também a existência de desequilíbrios conjunturais, que podem não oferecer as condições adequadas

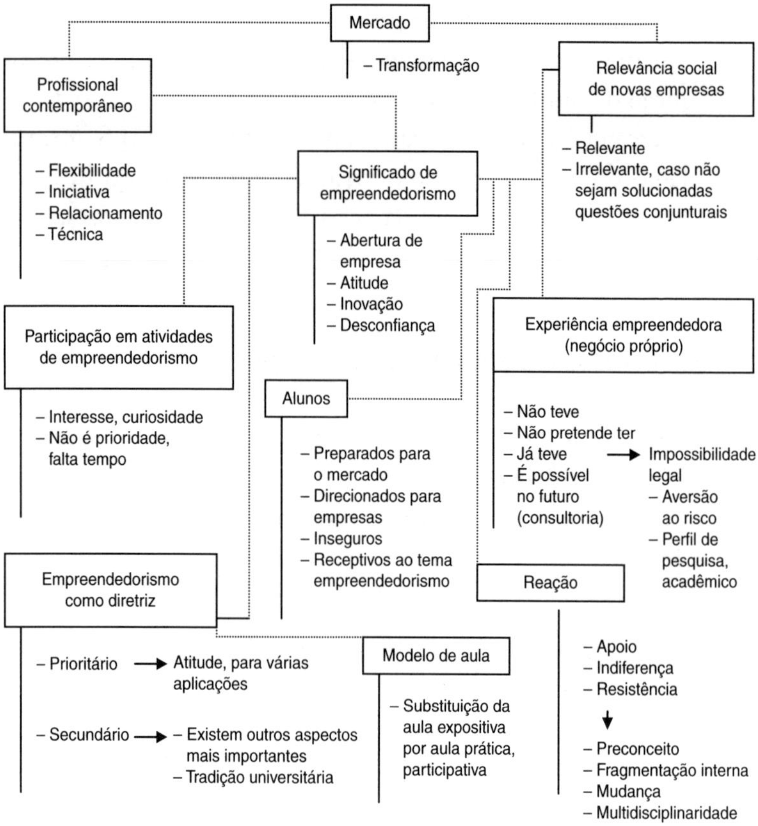

Quadro 1 Representação sintética da concepção do corpo docente
Fonte: adaptado de Andrade (2003)

às novas empresas. Nesse caso, abrir empresas seria algo irrelevante, pois as condições para sobrevivência seriam adversas.

Essas duas correntes de pensamento, acrescidas das experiências empreendedoras pessoais (ou da inexistência delas), contribuem para a atribuição de significado ao termo empreendedorismo. Vários significados são dados, sendo que inovação e atitude são relacionadas com o perfil do profissional contemporâneo e com o estabelecimento do empreendedorismo como uma diretriz prioritária no departamento estudado. Esta apresenta reflexos na reformulação

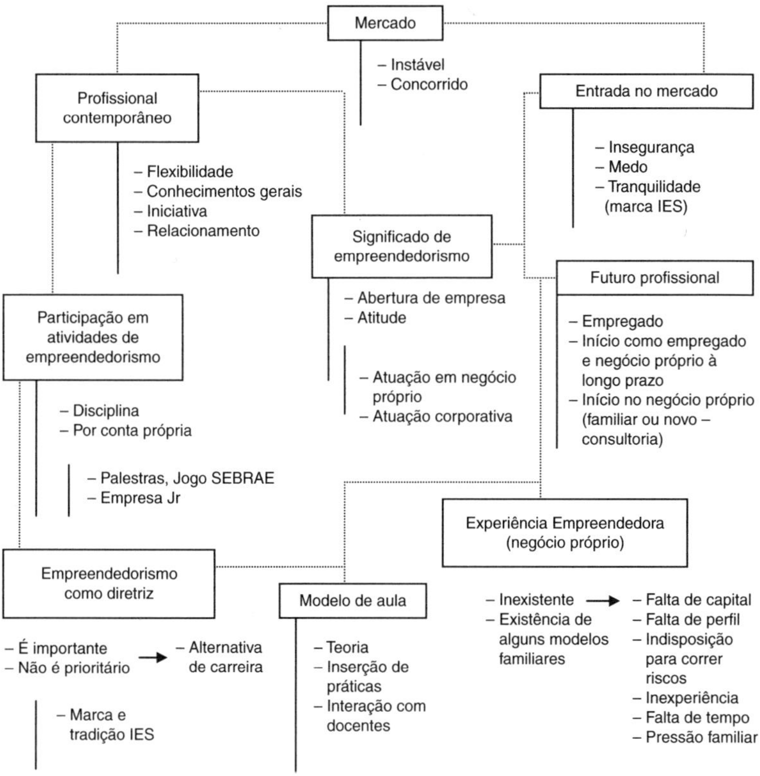

Quadro 2 Representação sintética da concepção do corpo discente
Fonte: adaptado de Andrade (2003)

do currículo e na atuação em sala de aula, que de uma maneira geral deveria adotar uma metodologia mais interativa, prática e dinâmica. Nesse contexto, os alunos são receptivos ao tema empreendedorismo, pois significa o desenvolvimento de atitudes que podem fortalecer o ingresso na carreira corporativa ou ampliar o campo de atuação, ao apresentar uma nova opção, que é da empresa própria.

Entretanto, existe também o entendimento de que esse assunto não deva ser uma prioridade, e sim um item a ser tratado como complementar ou opcional. Tal compreensão tem respaldo na associação de empreendedorismo com a abertura de empresas, o que não vem de encontro com a prática tradicional, que é de formar profissionais para empresas. Nessa linha de pensamento, os alunos formados estão preparados para atuar no mercado de trabalho.

De uma maneira geral, o tema estimula a curiosidade do corpo docente, determinando certo interesse pelo assunto e a participação em algumas atividades relacionadas. Todavia, essa participação ainda é pequena, sobretudo em decorrência de outras prioridades.

Como resultante desse cenário, a análise que os próprios docentes fazem da reação do departamento ao assumir a linha de educação empreendedora combina apoio com indiferença e resistência, decorrente de argumentações teóricas e da grande diversidade de origem dos professores, que proporcionam compreensões pessoais bastante diversas.

O Quadro 2, anterior, revela informações sobre o corpo discente. Nesse contexto, percebem-se várias relações interligadas e que geram influência direta nos diferentes fatores considerados.

O mercado sinaliza para os alunos as características do profissional contemporâneo e também uma grande competição, que ocasiona medo e insegurança, minimizados pela força da marca da IES, que transfere um diferencial de mercado aos alunos ingressantes no mercado de trabalho. Essa difícil entrada no mercado de trabalho influencia o futuro profissional e faz com que outras alternativas sejam consideradas importantes para geração do emprego, como a origem do próprio negócio ou da atuação autônoma. O empreendedorismo passa então a fazer sentido na carreira do profissional, sendo associado à abertura de uma empresa ou a uma atitude.

Aqueles que estão conscientes dessa importância procuram obter, por conta própria, informações sobre o tema e consideram que a IES deveria dar mais importância ao assunto. Daqui pode ser extraída uma questão: seria essa expressão resultante da própria falta de contato com o tema?

Para Andrade (2003), a modificação da didática expositiva para aulas mais dinâmicas e interativas é apontada como algo a ser considerado na reforma curricular. Com relação ao empreendedorismo, a adoção dessa prática proporcionará uma ampliação da experiência empreendedora, que, por sua vez, poderá criar referenciais que causem impactos no futuro profissional do aluno.

3.2 Aspectos impulsionadores e restritivos

O conjunto de informações organizadas nas categorias descritas e a reflexão sobre as interpretações realizadas permitem também o desenvolvimento da seguinte estrutura esquemática para os dois subsistemas estudados, organizada com os principais traços apreendidos, que são classificados como impulsionadores ou restritivos aos Programas de Educação Empreendedora (Quadros 3 e 4).

Essa estrutura esquemática é o ferramental básico para a tomada de decisões do estrategista com relação à estruturação de um programa de educação empreendedora no departamento da IES estudada.

Quadro 3 Traços impulsionadores e restritivos a um PEE – docentes
Subsistema Corpo Docente

Significado de empreendedorismo	
Traço Impulsionador – Associação de empreendedorismo com atitude, comportamento, inovação.	Traço Restritivo – Associação de empreendedorismo com manipulação de sonhos e emoções, abertura de empresas e poder capitalista.
Características do profissional contemporâneo	
Traço Impulsionador – Necessidade de trabalhar com características de comportamento como flexibilidade, iniciativa e comunicação.	Traço Restritivo – Crença de que a formação a ser realizada é de caráter técnico. O restante se aprende na prática.

Experiência empreendedora	
Traço Impulsionador – Existência de experiências anteriores e intenções futuras de realização de ações no sentido de empreender um negócio, o que com certeza desperta o interesse pelo tema.	Traços Restritivos – Pouco interesse pelo tema em decorrência da falta de perspectiva pessoal em relação a empreender um negócio. – A estrutura universitária cria um ambiente impeditivo a iniciativas pessoais voltadas para a criação de um negócio, provocando um natural afastamento da questão.
Relevância da criação de empresas para a sociedade	
Traço Impulsionador – Associação da criação de empresas como geradora de emprego, riqueza e diversificação de possibilidades de atuação.	Traço Restritivo – Dúvidas com relação à real contribuição da criação de empresas em uma sociedade com problemas conjunturais intensos.
Participação em atividades relacionadas a empreendedorismo	
Traços Impulsionadores – Existência de curiosidade, interesse sobre o tema. – Percepção de que o tema está presente em meios acadêmicos.	Traços Restritivos – Excesso de outras atividades, pouco tempo para se dedicar ao assunto. – Tema não faz parte das prioridades.
PEE como diretriz	
Traços Impulsionadores – Compreensão de que esse é um tema que reflete as necessidades da sociedade. – Importância de o tema estar presente na grade curricular. – Existência de disciplina na grade curricular do curso.	Traços Restritivos – Foco direcionado para a formação de empregados para grandes empresas. – Associação de um PEE a um direcionamento focado em negócios, em detrimento de uma formação ampla, de argumentação e visão de mundo. – Diversas interpretações a respeito do significado de um PEE e de empreendedorismo.
Reação do corpo docente	
Traços Impulsionadores – Impressões de receptividade, interesse por parte do corpo docente.	Traços Restritivos – Existência de dúvidas e questionamentos teóricos. – Rejeição a mudanças, inércia. – Insegurança decorrente da falta de experiência prática na área.

Modelos de aula	
Traços Impulsionadores – Compreensão de que é necessária uma transformação no modelo de aula tradicional, tornando o ambiente de aprendizagem dinâmico, rico em experiências, que combina teoria e prática.	Traços Restritivos – Dificuldade em estabelecer uma priorização para esse debate. – Falta de referências em outros modelos de ensino.
Alunos	
Traços Impulsionadores – Compreensão da importância do estímulo à descoberta, ao desenvolvimento da argumentação. – Existência de alunos que se interessam pelo tema e que vislumbram seu futuro profissional associado ao próprio negócio.	Traços Restritivos – Crença na facilidade em obtenção de empregos por parte dos alunos. – Crença de que a iniciativa empreendedora é algo que acontece com naturalidade, não sendo necessários estímulos para isso.

Fonte: Adaptado de Andrade (2003)

Quadro 4 Traços impulsionadores e restritivos a um PEE – discentes
Subsistema Corpo Discente

Significado de empreendedorismo	
Traço Impulsionador – Associação de empreendedorismo a uma atitude que pode ser aplicada tanto no negócio próprio quanto na carreira corporativa.	Traços Restritivos – Associação de empreendedorismo exclusivamente à abertura de empresas. – Existência de preconceitos relacionados ao negócio próprio.
Características do profissional contemporâneo	
Traço Impulsionador – Consciência da importância de características como flexibilidade, conhecimentos gerais, iniciativa e relacionamento.	Traços Restritivos – Dificuldades de articulação perante o corpo docente para o desenvolvimento de atividades que proporcionem melhoria das características. – Crença de que essas características se desenvolvem por conta própria, através de atuação no mercado.

Experiência empreendedora	
Traço Impulsionador – Existência de alguns referenciais sociais que transmitem a imagem do empreendedor.	Traços Restritivos – Pouco interesse pelo tema em decorrência da pouca experiência. – A estrutura universitária exige dos alunos atenção a uma série de prioridades, e o tempo para o desenvolvimento da experiência empreendedora fica restrito.
Entrada no mercado de trabalho	
Traço Impulsionador – Consciência da alta competitividade e da necessidade da criação de alternativas para direcionamento da carreira.	Traços Restritivos – Direcionamento tradicional voltado para atuação como empregado em grandes empresas. – Tranquilidade gerada pela marca da IES.
Participação em atividades relacionadas a empreendedorismo	
Traço Impulsionador – Existência de curiosidade, interesse sobre o tema.	Traços Restritivos – Excesso de outras atividades, pouco tempo para se dedicar ao assunto. – Tema não faz parte das prioridades.
PEE como diretriz	
Traço Impulsionador – Compreensão de que este é um tema importante para tomadas de decisão sobre a carreira futura.	Traço Restritivo – Crença na tradição de excelência em formar profissionais para o mercado de trabalho.
Futuro profissional	
Traço Impulsionador – Intenção futura de curto, médio e longo prazos para atuação como empresário.	Traço Restritivo – Busca de estabilidade, segurança.
Modelos de aula	
Traço Impulsionador – Consciência de que é necessária uma transformação do modelo de aula tradicional, tornando o ambiente de aprendizagem dinâmico, rico em experiências, que combine teoria e prática.	Traços Restritivos – Dificuldades em articulação com docentes e apresentação de sugestões. – Dificuldades em abandonar o modelo tradicional (aula, prova, nota)

Fonte: Adaptado de Andrade (2003)

É possível notar várias semelhanças e diferenças entre os traços impulsionadores e restritivos dos dois subsistemas, todavia percebe-se que os dois grupos extraem de um mesmo sistema as referências para a construção de seus desdobramentos particulares. Essa compreensão é relevante no sentido de que os dois conjuntos estão envolvidos com a mesma missão, no que diz respeito às atividades universitárias da graduação, e deveriam ser, em uma situação ideal (e talvez utópica), integrados, harmoniosos e complementares, embora tenham traços culturais específicos, conforme citado anteriormente.

3.3 O ponto de vista do estrategista

O primeiro aspecto a ser considerado é que a IES já possui atuação em educação empreeendedora através de uma disciplina específica – Desenvolvimento de Novos Empreendimentos – inserida na grade curricular do curso.

Este é um fator favorável, pois cria uma referência prática no departamento, além de direcionar o pensamento do estrategista para o sentido da evolução e ampliação do PEE nesse caso específico.

No entanto, percebe-se uma presença intensa de um direcionamento para a formação de empregados de grandes empresas, talvez uma herança dos tempos nos quais esse fator era uma necessidade e justificava a criação de Universidades no Brasil.

Dessa maneira, analisando os traços culturais já apresentados, fica claro que uma estratégia para a evolução do PEE, proposta unilateralmente em termos de programa ou pacote, com certeza seria destinada ao fracasso, e o estrategista chegaria às fronteiras da ingenuidade caso fizesse esta proposição.

Isso porque estaria desconsiderando os traços restritivos existentes, que criariam uma barreira vigorosa em relação à proposta e também os impulsionadores, que poderiam não ser ativados.

Por outro lado, com o conhecimento proporcionado pelo estudo de alguns aspectos da cultura organizacional, o estrategista pode pensar em algumas alternativas para o desenho de uma estratégia de evolução que, respeitando as características organizacionais, apresente um grande potencial de sucesso.

Nesse sentido, algumas linhas de pensamento iniciais, ou premissas, são interessantes para o desenvolvimento do raciocínio estratégico:

1. O ambiente na IES apresenta características favoráveis e desfavoráveis com relação à expansão do PEE; essa consciência deve sempre estar presente.
2. Todo tipo de posicionamento, favorável ou não, deve ser tratado com respeito e como fonte de aprendizado do próprio processo.
3. Existe uma diversidade de compreensão sobre conceitos relacionados a empreendedorismo e educação empreendedora. Assim, toda argumentação e exposição de conceitos deve apresentar uma grande consistência teórica.
4. A evolução de um PEE deve ocorrer de forma gradativa e em longo prazo, pela necessidade de esclarecimentos e aprendizados, que só ocorrem com a própria experiência e reflexão.

Assim, o raciocínio estratégico pode ser construído com base nessas quatro considerações, conforme o Quadro 5.

Quadro 5 Raciocínio estratégico

RACIOCÍNIO ESTRATÉGICO PARA EVOLUÇÃO DE UM PEE			
Característica favorável e desfavorável: **Consciência**	Respeito à diversidade de posições: **Aprendizado**	Consistência teórica: **Linguagem**	Evolução gradativa: **Aprendizado**

Fonte: Adaptado de Andrade (2003)

O primeiro item a ser considerado para a formulação da estratégia é referente ao significado atribuído ao termo empreendedorismo pela comunidade docente.

O conceito a ser adotado deve ser muito mais no sentido de viabilização de propósitos do que apenas no sentido de abertura de um negócio.

Esse primeiro sentido está associado à capacidade de realização de ações pelo futuro profissional, não importando se será como empresário, empregado, autônomo ou uma combinação de diversas formas de atuação no mercado de trabalho.

Outro conceito que deve ser debatido é o de educação empreendedora, desmistificando o pensamento de que se trata de um tipo de modelo educacional que foca apenas maneiras de se ganhar dinheiro e de fazer negócios, deixando de lado aspectos que não estejam relacionados a estes temas.

Nesse sentido, a modelagem de um PEE a ser implantado poderia ser baseada no desenvolvimento de atitudes, habilidades e conhecimento que, às vezes, poderiam ser aplicados na criação de empresas.

Um terceiro item a ser uniformizado seria a proximidade das características do profissional contemporâneo, detectadas na pesquisa, com as características de empreendedores, como independência, autoconfiança, otimismo realístico, perseverança, orientação para metas, articulação de redes de contatos e disposição para correr riscos, entre outras listadas por Torkomian e Andrade (2000), em estudo que reúne diversas pesquisas sobre o comportamento dos empreendedores. Tal percepção é um fator relevante para a compreensão de que um PEE pode não ser focado só na abertura de um novo negócio.

Essas questões poderiam ser inseridas no ambiente através de um fórum interno de debates, com o objetivo de uniformizar conceitos, inclusive com a exposição de resultados e experiências de sucesso e fracasso.

Já a constatação de interesse pelo assunto, da existência de experiências práticas anteriores e de pretensões no futuro revela a existência de docentes e alunos receptivos ao tema e que poderiam formar uma célula inicial para o debate. Essa célula inicial seria uma espécie de catalizadora de informações perante IES/ Departamento.

A partir da formação desta célula vários desdobramentos poderão ocorrer, tanto no sentido de fortalecimento do propósito, como até mesmo de seu enfraquecimento, caso a célula não tenha uma atitude empreendedora em suas ações.

De uma forma bastante genérica, a estratégia para a evolução do PEE poderia ser a seguinte:

1. Criação de uma célula que reúne docentes e alunos interessados no assunto empreendedorismo (inclusive os da pós-graduação). O caráter dessa célula não seria formal, e sim de um grupo de estudos com características transversais, constituído por participantes de diversas áreas de pesquisa e formações que teriam em comum o interesse pelo tema empreendedorismo.
2. Definição de um plano de ações para o primeiro ano.
3. Difusão interna de conceitos e informações sobre o tema, através de palestras, debates, artigos, experiências de fracasso e sucesso etc. Essa ação é de grande importância para o estabelecimento de uma troca de informações transparente e constante entre todo o corpo docente.
4. Realização de ações práticas com os alunos e difusão desses resultados. Por exemplo, desenvolvimento de monografias sobre o tema, realização de projetos extraclasse, aproximação com empresários, palestras, feiras, projetos etc. (poderia ser criado um painel para a difusão das informações, página na internet etc.). Apresentação de sugestões ao grupo de revisão curricular.
5. Acompanhamento da evolução e do desenvolvimento de novas estratégias de atuação em decorrência dos resultados alcançados.

É importante considerar que em nenhum momento deve haver um movimento no sentido de pressionar o corpo docente para a adoção desta ou daquela postura, pelo contrário, o processo de mudança organizacional deverá ocorrer de forma natural ou até mesmo desaparecer, caso não apresente a consistência e resultados necessários.

4. A CONTRIBUIÇÃO DO PROGRAMA SEBRAE NO CAMPUS COMO APOIO EM ESTRATÉGIAS PARA IMPLEMENTAÇÃO DE PEE

O Programa Sebrae no Campus é uma ação do Sebrae-SP para apoiar as IES na difusão da cultura empreendedora no ambiente universitário e pode ser utilizado como apoio às ações estratégicas.

O Programa Sebrae no Campus consiste em três fases:

Primeira fase: Sensibilização

Toda ação de sensibilização quanto ao tema do empreendedorismo e à importância de desenvolver uma cultura empreendedora deve, sistemicamente, atuar em três frentes: o corpo diretivo da IES, o corpo docente e o corpo discente.

Para cada frente há uma abordagem diferenciada, que coloca o foco sob o ponto estratégico importante para cada público. No caso do corpo diretivo, situar o tema da cultura empreendedora como diferencial para a formação de um futuro profissional e a criação de um ambiente que favoreça a criatividade, a inovação e o empreendedorismo é importante para manter-se na vanguarda.

Para o corpo docente, a discussão das tendências e dos cenários para os próximos 20 anos e a importância da cultura empreendedora na formação de jovens capazes de encontrar oportunidades nesse futuro são bons exemplos de mobilização para a entrada e o aprofundamento do tema empreendedorismo numa IES.

Por último, na etapa de sensibilização perante o público discente, o Sebrae–SP utiliza um túnel inflável, de 50m^2. No interior do túnel, 10 painéis sobre comportamento empreendedor e a presença de um monitor proporcionam as condições adequadas para o primeiro contato do jovem com o tema empreendedorismo.

Segunda fase: Transferência de conhecimento

Nesta etapa o Sebrae–SP disponibiliza a disciplina de empreendedorismo, dividida em três módulos, totalizando 60 horas para o aluno. Os professores recebem um repasse de 40 horas para aplicar os conceitos em sala de aula.

O módulo I, focado no indivíduo, tem a finalidade de promover o conhecimento do que é ser empreendedor, definir seu perfil empreendedor para o desenvolvimento das competências empreendedoras, realizar autoavaliação das competências empreendedoras, bem como colaborar para a construção de visão de futuro, valores e crenças; e também na identificação de oportunidades e definição de metas.

O módulo II é voltado ao mercado com o objetivo de promover a análise de cenários (globalização) e apresentar o estudo de viabilidade, considerando foco do negócio, diferencial competitivo, competência interna, comportamento, relações de mercado, formulação de rede e negociação.

Por sua vez, o módulo III trata de plano de negócios e busca promover seu desenvolvimento: marketing, finanças, produção, organização e gerenciamento.

A maneira de aplicação da disciplina fica por conta da IES. A experiência com a formação de mais de 36 turmas de professores permitiu vislumbrar diversas formas de aplicação da disciplina. Mas em todas elas ocorreu a formação de um núcleo de professores que vislumbraram a relevância do tema e buscaram formas originais e criativas para implantação de um PEE em suas IES.

Terceira fase: Aplicação do conhecimento

Nesta última fase, o Sebrae–SP tem duas importantes ferramentas: o Desafio Sebrae e a Jornada de Estudos de Casos.

A primeira é o maior jogo de empresas do mundo, com participação de 90 mil alunos em todo o Brasil, na versão de 2008. Coordenado pela Sebrae Nacional, o jogo mobiliza os jovens para tomadas de decisão, fortalecendo as questões relativas ao desenvolvimento de uma cultura empreendedora. No Estado de São Paulo, participaram, em 2008, 324 IES e 14.005 alunos de diversos cursos de graduação (Sebrae–SP, 2008).

A segunda é a Jornada de Estudos de Casos, em que o Sebrae–SP repassa metodologia própria para que os professores estimulem o corpo discente a fazer estudos de casos sobre microempresas e pequenas empresas. Os melhores estudos são publicados.

5. CONSIDERAÇÕES FINAIS

A importância da ação empreendedora está sendo cada vez mais reconhecida e valorizada pela sociedade contemporânea.

O que deve ser compreendido é que empreendedorismo significa uma espécie de inquietação natural, responsável pela criação de milhares de soluções para necessidades da sociedade humana desde os mais remotos tempos, e que existe no ser humano, com maior ou menor intensidade.

Assim, toda ação de estímulo dessa energia, no sentido de despertá-la, potencializá-la e direcioná-la para aplicações construtivas e saudáveis, deveria ser realizada. E as IES têm um papel fundamental nessa área.

Ocorre que a exposição do tema na comunidade acadêmica pode causar uma espécie de euforia ou rejeição, transferindo ao assunto uma fragilidade refletida na condição de modismo passageiro. Passageiro porque, quando mal compreendidos, os programas de educação empreendedora podem ser aplicados em IES sem respeitar suas características organizacionais.

Como a implantação de um PEE não significa apenas uma decisão burocrática, e sim uma mudança de posicionamento de toda instituição de ensino superior, incluindo mudanças muitas vezes pessoais, deve ser tratada com toda a seriedade possível e visão de longo prazo.

É através do ampliar de horizontes do estrategista, da visão proporcionada pelo entendimento do todo, da "vista aérea" do campo de trabalho, que um estudo de alguns traços da cultura organizacional contribui para a implantação e evolução de um PEE.

Dessa maneira, toda intenção de implantação e evolução de programas de educação empreendedora em instituições de ensino superior deve ser objeto de profunda reflexão e análise, para que, quando for realizada, seja de forma consistente e engrandecedora, respeitando as diversas maneiras e formas de aprender.

REFERÊNCIAS

ANDRADE, R. F. "O empreendedorismo em instituições de ensino superior: a concepção de docentes e alunos do Departamento de Engenharia de Produção da Universidade Federal de São Carlos". 2003. Dissertação (Mestrado) – Universidade Federal de São Carlos, São Carlos.

BARDIN, L. *Análise de conteúdo*. Lisboa: Edições 70, 2000. 225p.

HATCH, M. J. *Organization theory: modern, symbolic and postmodern perspectives*. Cambridge: Oxford University Press, 1996. 387p.

KOTTER, J. P.; HESKETT, J. L. *A cultura corporativa e o desempenho empresarial*. São Paulo: Makron Books, 1994.

SEBRAE-SP. *Relatório de gestão da unidade de educação – 2008*. São Paulo: Sebrae, 2008.

TORKOMIAN, A. L. V.; ANDRADE, R. F. Educação empreendedora: experiências na América do Norte. In: SEMINÁRIO NACIONAL DE PARQUES TECNOLÓGICOS E INCUBADORAS DE EMPRESAS, 10, 2000, Belém do Pará. *Anais...* Belém do Pará: Technmidi, 2000. 1 CD.

CAPÍTULO 8

O uso de técnicas lúdicas no ensino do empreendedorismo: um estudo de caso

MARCO AURÉLIO BEDÊ

RESUMO

O objetivo deste capítulo é apresentar uma análise preliminar do uso de técnicas lúdicas no ensino do empreendedorismo, no nível universitário, durante o período letivo de 2007. Essa análise utiliza como principal base de dados a avaliação individual realizada pelos próprios alunos sobre a evolução de seu perfil empreendedor. A disciplina de empreendedorismo foi dividida em dois blocos: (1) o comportamento empreendedor; e (2) o plano de negócios. Em ambos, foi dada grande ênfase ao uso de jogos interativos, assim como a dinâmicas de grupo. A proposta da disciplina, mais do que prover conhecimento sobre técnicas de planejamento e gestão, foi estimular o desenvolvimento do perfil empreendedor dos alunos. No fim do curso, foi aplicado um instrumento de autoavaliação nos alunos, para que eles identificassem seu grau de evolução quanto a seu comportamento empreendedor, sua capacidade de elaborar um plano de negócios e sua propensão individual para a abertura de um novo negócio. Como resultado, verificou-se uma evolução bastante expressiva de todos os itens citados, o que indica a importância do uso de técnicas lúdicas no ensino do empreendedorismo.

1. O EMPREENDEDOR E O EMPREENDEDORISMO

A discussão sobre o conceito de empreendedor é muito antiga. Conforme observa Dornelas (2007), os primeiros trabalhos que abordam o assunto datam de meados do século XVIII e seguiram, desde então, em grande quantidade, até o momento atual. A maioria dos trabalhos procura identificar as características comuns aos indivíduos considerados empreendedores. Apesar de algumas dessas características identificadas se repetirem com frequência, a soma de todas as que foram levantadas pela literatura é ampla e diferenciada. Isso, em parte, leva a definições também distintas de "empreendedor" e "empreendedorismo". Na avaliação de Dornelas, entre as características mais citadas na literatura estão a "busca de realização" e a disponibilidade para "assumir riscos".

O principal autor que analisou os aspectos psicológicos que levam as pessoas a tornarem-se empreendedoras foi McClelland (1961), que enfatiza os fatores motivacionais. Nessa área de estudo, entre as características citadas com maior frequência, estão: iniciativa e busca por oportunidades; assumir risco calculado; busca por qualidade e eficiência; persistência; comprometimento; busca sistemática por informações; estabelecimento de metas; monitoramento e planejamento sistemático; rede de contatos e persuasão; e autoconfiança e independência.

Parte expressiva da literatura trata o empreendedorismo como um processo que leva a grandes transformações, e não um fenômeno estático. "O empreendedorismo tem a ver com mudança e é com frequência associado às questões relacionadas a escolhas" (OCDE, 2005).

O principal expoente que tratou o empreendedorismo como mola propulsora do desenvolvimento foi Schumpeter (1911). Segundo esse autor, "Um indivíduo é um empreendedor quando, de fato, cria novas combinações". Para Schumpeter, o empreendedor é aquele que, por meio de novas combinações dos fatores de produção, realiza inovações no sistema econômico. Para esse autor, a introdução de "inovações radicais", na forma de novos produtos, novos processos, novas fontes de matérias-primas e/ou novas formas de comercialização, pode provocar um deslocamento do equilíbrio do sistema econômico, levando-o para novos patamares, quantitativos e qualitativos, dando início aos chamados ciclos longos de desenvolvimento, os "ciclos de Kondratieff". Aquele autor destaca o papel da inovação no processo de transformação da sociedade, a chamada "destruição criadora". As novas tecnologias exercem o papel de elemento propulsor do processo de desenvolvimento. E o empreendedor é aquele que provoca esse processo.

A despeito da literatura sobre empreendedorismo dar um grande destaque à capacidade de inovação, à "busca pela realização", à disponibilidade para "assumir riscos" e de tratar o empreendedor como um indivíduo com grande poder de transformação da sociedade, a evidência empírica indica outras formas mais simples de empreendedorismo e empreendedores.

Um exemplo é o estudo realizado anualmente pelo Global Entrepreneurship Monitor (GEM), que, desde 1999, monitora o nível de empreendedorismo em cerca de 50 países. Esse programa de pesquisas considera como empreendedores os indivíduos que estão envolvidos na criação de um novo negócio ou na gerência um negócio próprio com até 3,5 anos de atividade. De acordo com o GEM (2007), verificam-se dois tipos de empreendedorismo: "por oportunidade" e "por necessidade". No primeiro caso, o negócio surge da identificação objetiva de uma oportunidade, enquanto no segundo o indivíduo se vê obrigado a abrir um negócio próprio devido à falta de melhores opções no mercado de trabalho. O estudo indica que o primeiro tipo de empreendedorismo é mais forte nos países de mais alta renda, enquanto o segundo é mais evidente nos de média e baixa renda.

De acordo com o GEM, o Brasil está entre os países com maior número de empreendedores por necessidade. Em certa medida, isso mostra o grau de despreparo dos brasileiros para exercer atividades empreendedoras. De acordo com Bedê (2005), é esse despreparo no planejamento antes da abertura e na gestão do negócio (após a abertura) o principal fator que leva ao fechamento das novas empresas no país. Esse autor mostra que, com base em estudos realizados no Estado de São Paulo (estado da federação com maior número de empresas), cerca de 56% das empresas fecham antes de concluir o quinto ano de atividade.

Outros estudos reforçam essa análise. Djankov et al.,[1] por exemplo, ao comparar distintos grupos de indivíduos (donos de empresas e não empresários), no Brasil, na Rússia e na China, mostram que o sucesso nos negócios tende a ser mais frequente nos indivíduos com maior grau de preparo. "O sucesso dos empreendedores é determinado primariamente pelo preparo dos indivíduos e o elevado nível de escolaridade nas famílias" (Djankov, S. et al., 2006 e 2007). Destaca ainda que, nesses países, os donos de empresas e os não empresários possuem o mesmo nível de autoconfiança, e que o excesso de confiança pode ser até ruim para o sucesso do negócio naquele primeiro grupo.

Com base no exposto, parece ser possível expandir a quantidade e melhorar a qualidade dos empreendedores que existe em um país, por meio de programas de difusão do empreendedorismo e pelo desenvolvimento das características empreendedoras na população. Essa forma de pensar vem servindo de base para um importante trabalho que está sendo promovido, por exemplo, na União Europeia, onde está ocorrendo um grande esforço de implantação de disciplinas de empreendedorismo nas escolas do ensino médio e universitário.[2] Segundo Baldassari (2007), a União Europeia tem como uma de suas prioridades a inclusão definitiva do empreendedorismo na agenda dos governos, por meio de inserção de disciplinas sobre o assunto nas grades curriculares das escolas de vários níveis, divulgação das melhores práticas e mensu-

[1] Djankov, S. et al (2006 e 2007).

[2] Baldassari (2007).

ração dos programas de empreendedorismo. De acordo com aquele autor, mais de 200 mil estudantes já estão envolvidos por ano, e os países mais adiantados são Reino Unido, Irlanda, Noruega e Bélgica, em que de 30% a 50% dos estudantes do ensino secundário já participam desses programas.

No Brasil, trabalho semelhante vem sendo realizado pelo Serviço Brasileiro de Apoio às Microempresas e Pequenas Empresas (Sebrae). De acordo com Bedê (2007), entre as ações de massificação realizadas por essa instituição em 2006, destacaram-se: programas de televisão (com 18 milhões de expectadores), serviços de orientação e informação pela internet (6,5 milhões de downloads de cartilhas e publicações) e cursos a distância (250 mil estudantes), além da difusão de cursos de empreendedorismo em escolas de ensino médio e superior.

Em função dessa forte preocupação em disseminar o empreendedorismo no sistema de ensino, ganham importância crescente o desenvolvimento de novas metodologias de ensino e a busca por experiências de sucesso que possam servir de referencial para aquele processo.

Nas seções seguintes, apresentamos o relato de uma experiência que valoriza a utilização de técnicas lúdicas no ensino do empreendedorismo, no nível universitário, que o autor teve a oportunidade de coordenar ao longo do ano letivo de 2007.

2. UMA EXPERIÊNCIA COM TÉCNICAS LÚDICAS NO ENSINO DO EMPREENDEDORISMO

2.1 A metodologia de ensino utilizada

Até fins dos anos 1990, o autor foi responsável pela disciplina Economia Empresarial para alunos de terceiro ano da área de ciências humanas e sociais, em uma universidade privada na cidade de São Paulo. Com uma carga horária total de 80 horas anuais, distribuídas entre os meses de fevereiro a novembro, tinha como ponto central a análise de mercados e estratégias empresariais, com base nos modelos da organização industrial.[3]

No entanto, nos primeiros anos da atual década, foram verificadas baixas taxas de crescimento na economia do país. Naquele momento, a oferta de novas vagas no mercado de trabalho se escasseou de forma generalizada. A demanda por recém-formados do curso limitou-se, muitas vezes, ao perfil dos *controllers* e/ou aos profissionais para o setor financeiro. Assim, dadas a retração do mercado de trabalho e a "pressão do mercado" por profissionais com formação em questões financeiras, a disciplina sofreu alterações, incorporando, por exemplo, uma análise mais detalhada do controle de custos e a formação de preços. Foi a partir de 2004, com uma nova reforma do curso, que a disciplina assumiu, de modo definitivo, o ensino do "empreendedorismo". Tornar-se um empreendedor passou então a ser tratado como uma séria alternativa para a ocupação dos futuros profissionais formados por esse curso.

Nos três primeiros anos da disciplina de empreendedorismo (2004, 2005 e 2006), foi dada forte ênfase ao plano de negócio, visto que as pesquisas sobre sobrevivência de empresas apontavam a falta de planejamento como uma das principais causas da mortalidade de empresas no Brasil.[4] Em 2007, a disciplina passou por nova transformação, incorporando o uso de jogos e dinâmicas para estimular os alunos a desenvolver seu comportamento empreendedor. Os temas "comportamento empreendedor" e "plano de negócio" assumiram o mesmo grau de importância, e ambos passaram a ser abordados por meio de técnicas lúdicas de ensino, isto é, com uso de jogos interativos, *workshops* e dinâmicas de grupo.

A ideia básica dessa nova abordagem é que mudar o comportamento das pessoas não é uma tarefa fácil. No caso brasileiro, em particular, estimular o empreendedorismo entre os jovens é um grande desafio, pois há uma forte tradição no Brasil de preparar os futuros

---

[3] Scherer (1990).

[4] Bedê (2005), *Sobrevivência e mortalidade das empresas paulistas de 1 a 5 anos.* São Paulo: Sebrae, 2005.

profissionais para ser "empregados".[5] Assim, torna-se necessário recorrer a alternativas de ensino que demovam os alunos de suas "formas de pensamento" preconcebidas de que nasceram para ser empregados. O uso de técnicas lúdicas tende a facilitar esse processo.

Logo nas primeiras semanas do curso (em março de 2007), aplicou-se nos alunos um extenso questionário, com 85 questões (em escala), para identificar o perfil empreendedor dos alunos. O questionário abordava hábitos, costumes e "pensamentos" que, indiretamente, expressam algumas características do empreendedor. Seu objetivo foi identificar os maiores *gaps* do perfil empreendedor que poderiam ser trabalhados durante o curso (exemplo: perguntou-se se os alunos demonstram persistência diante de certas dificuldades, se estão atentos para os aspectos financeiros de seus projetos pessoais etc.)[6].

Esse questionário é bem influenciado pelos estudos sobre comportamento empreendedor de McClelland (1961) e tenta captar a conduta dos alunos diante das mais variadas situações do dia a dia. Como resultados, entre as características mais mal avaliadas estavam: a baixa disposição em correr riscos calculados e a falta de iniciativa. Vale observar que tais características estão entre aquelas mais citadas pela literatura como as mais importantes para a definição do perfil empreendedor, em especial na visão schumpeteriana. No outro extremo, entre as características mais bem avaliadas estavam: a busca sistemática por informações; a preocupação com a eficiência; a busca pela qualidade; e a dedicação no cumprimento de suas atividades (comprometimento).

A partir daí, durante o curso, os alunos foram submetidos a um conjunto de jogos interativos e dinâmicas de grupo que procuravam aprimorar, sobretudo, os itens com pior desempenho.

---

[5] Historicamente, a sociedade brasileira sempre deu muito valor à formação dos jovens para conseguir um emprego no setor público ou em empresas multinacionais. O empreendedorismo no país é fortemente marcado pelo "empreendedorismo por necessidade" (GEM, 2007).

[6] Trata-se de questionário originalmente desenvolvido pelo Sebrae, em seus programas de capacitação empreendedora.

Em média, cada jogo ou dinâmica de grupo foi aplicado no período de uma hora e meia. Após sua execução, fazia-se uma análise em conjunto com os alunos sobre o comportamento de cada um ou de cada grupo e os resultados atingidos. Foram debatidos também os fatores que mais contribuíram para o resultado (sucesso ou fracasso) de cada grupo ou de cada aluno. Alguns exemplos de dinâmicas de grupo ou jogos utilizados estão expostos no Quadro 1.

Quadro 1 Exemplos de dinâmicas de grupo e jogos interativos

Nome	Descrição	Características trabalhadas
Torre de canudos	Em grupos constituídos por até cinco alunos, cada grupo recebe um pacote de canudos (utilizados para beber refrigerante), devendo definir o nome da empresa, escolher um líder, planejar o trabalho, fazer um desenho preliminar de uma "torre de canudos" para ser vendida no mercado, montar a torre, elaborar a estratégia de venda e executar o plano de montagem e venda. Após a análise de todas as ofertas, o cliente (o professor e o conjunto dos alunos) seleciona a melhor torre. A escolha obedece aos seguintes critérios: fidedignidade ao desenho original; criatividade e beleza; altura da torre; melhor estratégia de venda; e a torre deveria ficar em pé por conta própria (em apoio).	Organização; liderança; autoconfiança; iniciativa; planejamento/ estratégia; atenção à demanda do mercado e risco.
Ecotáxi	Trabalho em grupo de alunos: análise de um caso real sobre um motorista de táxi que oferece aos clientes vários serviços adicionais, como a venda de créditos de carbono ao passageiro, relacionada à viagem realizada.	Criatividade; iniciativa; inovação e atenção às tendências de mercado.

Nome	Descrição	Características trabalhadas
Concordo ... não concordo	Em grupos de até quatro alunos, cada grupo recebe uma frase polêmica (uma por grupo) e deve identificar os argumentos contra (ou a favor). Em seguida, grupos com posições opostas (os "contra" e os "favoráveis") devem defender seu ponto de vista em uma discussão. Em seguida, os grupos têm que trocar de posição e iniciar nova discussão.	Assertividade; liderança; autoconfiança; iniciativa; planejamento e execução do planejamento.
Risco calculado	Escolha individual entre aplicações financeiras distintas, com maior ou menor risco. O que ocorre em termos de escolha, após várias rodadas, à medida que, nas rodadas seguintes, aumentam as informações disponíveis sobre as aplicações disponíveis.	Disposição para correr riscos moderados; sistematização de informações e autoconfiança.
Criando um negócio	Em grupos constituídos por até cinco alunos, cada grupo deve elaborar um produto ou serviço o mais exótico e original possível, revolucionário, algo que ainda não exista no mercado, impensável nos padrões vigentes atuais. Deve também realizar uma apresentação convincente e séria sobre o produto oferecido. No fim, a turma escolhe o produto/serviço mais original e convincente.	Criatividade; autoconfiança; inovação; liderança; planejamento e execução.
A máscara é o produto	Apresentação da história das "máscaras" e formas de uso pela humanidade. Cada grupo deve desenvolver uma máscara especial para oferecer no mercado. Antes, porém, deve eleger um CEO, o diretor comercial, o diretor de produção, definir o nome da empresa, a logomarca, o slogan, um jingle, criar um modelo de máscara piloto, estimar o custo do produto, definir o preço a ser cobrado, definir quem vai apresentar o produto ao mercado (à turma). Após todas as apresentações, a turma escolhe o melhor produto oferecido.	Divisão de trabalho; liderança; motivação da equipe; criatividade; planejamento e execução.

Nome	Descrição	Características trabalhadas
Grandes líderes	Apresentação da biografia de grandes líderes da história mundial, sem identificação de nome ou nacionalidade. Discussão das principais características desses líderes. Após as discussões, abre-se a oportunidade para a adivinhação sobre a verdadeira identidade dos líderes utilizados na atividade.	Persistência; motivação; liderança.
Estudos de caso (por tópicos do plano de negócios)	Apresentação e discussão de *cases* de empreendedores e empreendimentos brasileiros, na indústria, no comércio, em serviços e na agropecuária. Para cada tópico do plano de negócio, foi utilizado um *case* diferente, gravado em vídeo, disponível em programas de televisão sobre pequenos negócios (Programa "Negócios & Soluções").	Diversas características do comportamento empreendedor e técnicas de planejamento e gestão empresarial.

Fonte: Elaboração própria.

O tema "comportamento empreendedor" ocupou 50% das aulas, que se baseou principalmente em dinâmicas de grupo e jogos interativos, para estimular o desenvolvimento do perfil empreendedor dos alunos. Nos demais 50% da carga horária do curso, abordou-se o tema "Plano de Negócio". Nesse último caso, a cada tópico do plano de negócio foi realizada uma discussão com base em um *case* diferente. Esses *cases* serviram para a realização de *workshops* em sala de aula. Grande ênfase foi dada às experiências de sucesso.

O plano de negócios que serviu de base para as discussões envolvia os seguintes tópicos: caracterização do negócio (missão/visão, produtos/serviços, objetivos/metas); estrutura e operação (processo básico, mão de obra e divisão de trabalho); análise do mercado (mercado consumidor, pesquisa, concorrentes, fornecedores); estratégia de comercialização (compras, vendas e divulgação); análise financeira do projeto (investimentos, custos, ponto de equilíbrio, fluxo de caixa, fontes de financiamento e retorno do capital); e reavaliação do negócio.

Para a discussão do plano de negócio, foram utilizados *cases* de sucesso gravados em DVD, oriundos de programas de televisão sobre empreendedores brasileiros e seus empreendimentos. Entre os exemplos de tópicos e *cases* de sucesso, encontravam-se: planejamento (em empresa reparadora de eixos e carcaças de caminhões); pesquisa de mercado (empresas de comida chinesa e japonesa); estratégia de comercialização (em empresa de banca de jornal e empório de alimentos); segmentação de mercado (confecção de maiôs e biquínis e remédios para diabéticos); localização, custos e análise financeira (sorveteria); etc.

Como atividade final do curso, em grupos de até quatro alunos, cada grupo deveria realizar uma pesquisa de mercado e elaborar uma proposta de plano de negócio.

Para a aprovação no curso, os alunos foram submetidos a dois tipos de avaliação: provas escritas individuais (sobre o comportamento empreendedor e as técnicas de gestão) e um trabalho final (em grupo) com a apresentação de propostas de planos de negócios.

2.2 Resultados do trabalho

Após a conclusão das atividades em sala de aula, os alunos responderam a um segundo questionário (em novembro de 2007) para que fizessem uma autoavaliação sobre o próprio processo de evolução, no tocante ao empreendedorismo.

Esse segundo questionário, bem mais simples que o aplicado no início do curso, foi composto por 12 questões (em escala), sendo 10 relacionadas às características do comportamento empreendedor, uma sobre o conhecimento e a habilidade adquiridos na elaboração de um plano de negócio e uma última pergunta sobre sua propensão a abrir um novo negócio. Em cada pergunta, o aluno deveria atribuir um grau de 0 (zero) a 10 (dez) sobre sua situação, em dois momentos: "antes do curso" e "após a conclusão do curso".

O questionário foi composto pelas seguintes perguntas:

Faça uma avaliação comparativa sobre como você se encontrava antes de iniciar esta disciplina e atualmente (após passar pela disciplina), atribuindo um valor de 0 ("muito baixo") a 10 ("muito alto").

1. *Disponibilidade para buscar novas oportunidades e/ou tomar iniciativas.*
2. *Disponibilidade para correr riscos calculados.*
3. *Costume de exigir de si mesmo e de seus colegas qualidade e eficiência nas ações ou nos projetos de que participa.*
4. *Capacidade de persistir em projetos, objetivos ou metas estabelecidas.*
5. *Empenho na busca de soluções de problemas, mesmo que isso implique prejuízo de suas horas de lazer.*
6. *Levantamento sistemático de informações, em quantidade e em qualidade, para fundamentar suas decisões.*
7. *Frequência com que estabelece metas pessoais/profissionais claras, desafiadoras e factíveis.*
8. *Capacidade de planejar, coordenar e monitorar sistematicamente ações, trabalhos ou projetos.*
9. *Capacidade de persuadir seus superiores, seus colegas de trabalho e seus amigos sobre suas opiniões a respeito dos principais problemas com que se depara.*
10. *Sentimento de independência e autoconfiança.*
11. *Capacidade de elaborar um plano de negócio sobre um novo empreendimento (exemplo: análise de mercado, estratégias de comercialização, cálculo dos custos, receitas, ponto de equilíbrio e resultado esperado do investimento).*
12. *Como avalia a possibilidade de vir a constituir um negócio próprio, nos próximos meses/anos?*

Esse questionário (com 12 perguntas em escala) diferencia-se do aplicado inicialmente no curso por ser bem mais enxuto e direto sobre as características do comportamento empreendedor. Basicamente pergunta-se qual o grau que o próprio aluno atribui a cada característica de seu perfil empreendedor, no momento anterior e posterior ao curso. O objetivo desse questionário foi captar a percepção dos alunos quanto à própria evolução.

Vale observar que no início do período letivo havia 38 alunos matriculados na disciplina. O questionário mais extenso, aplicado em março, foi respondido por 37 alunos, e o questionário mais enxuto (com as autoavaliações sobre os períodos "antes" e "depois") aplicado em novembro, foi preenchido por 32 alunos

Considerando, no princípio, as notas médias do período "antes da disciplina" (Figura 1), verifica-se que encontram-se entre as características com pior nota: a disponibilidade em correr riscos calculados (nota 4,3) e tomar a iniciativa e a busca de oportunidades (nota 4,9). Observe-se que esse resultado é consistente com o levantado no primeiro questionário aplicado no início do curso (oito meses antes). Em certa medida, isso reforça nossa observação anterior de que, em geral, entre os brasileiros, há uma baixa propensão a tornar-se um empreendedor.

No outro extremo, preocupação com qualidade e eficiência (nota 6,4), autoconfiança (nota 6,0), dedicação (nota 5,7) e persistência (5,7) aparecem como as características mais bem avaliadas, na opinião dos próprios alunos. Tais características refletem bem o perfil específico da amostra analisada, assim como também é consistente com o questionário aplicado no início do ano letivo para identificação dos *gaps* dos alunos. Vale observar que a maioria dos alunos avaliados trabalha durante o dia como funcionário de empresa, frequenta uma universidade paga (que lhes custa cerca de um terço à metade de seus salários) e ingressa na universidade com a expectativa de aumentar sua qualificação para disputar melhores vagas no mercado de trabalho, como funcionários de empresas.

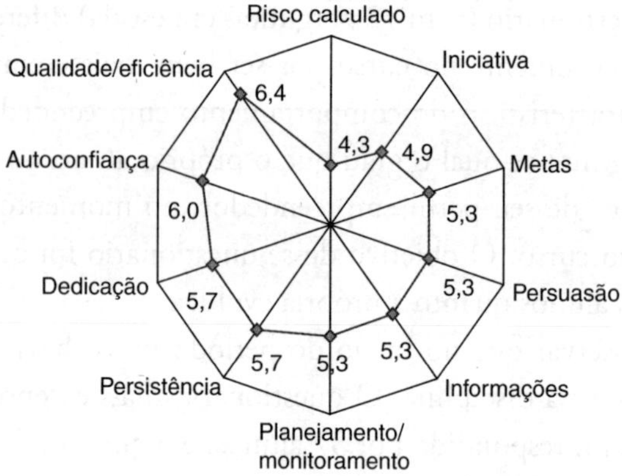

Figura 1 Autoavaliação dos alunos sobre o período "antes da disciplina" (nota média por item do comportamento empreendedor)

Fonte: Elaboração própria, com base em questionário preenchido por 32 alunos.

Nota: Cada nota da figura corresponde à média das notas atribuídas pelos alunos da turma na autoavaliação sobre sua situação inicial, em uma escala de 0 a 10.

Quando comparamos os resultados da autoavaliação do período "antes da disciplina" com os resultados do período "depois da disciplina" (Figura 2), verificamos que, em média:

(a) todas as características apresentaram variação positiva;

(b) essa variação parece ter sido expressiva;

(c) no período "depois da disciplina", as 10 características apresentam maior grau de homogeneidade (há uma queda expressiva do desvio padrão das 10 características, na comparação "antes" com "depois"); e

(d) as três características mais mal avaliadas no período anterior (risco calculado, iniciativa e metas) continuaram entre as três menores médias após a conclusão do curso. Porém, a diferença diante das demais características, em termos de nota atribuída, diminuiu. São essas três características as que apresentaram maior avanço relativo (Tabela 1).

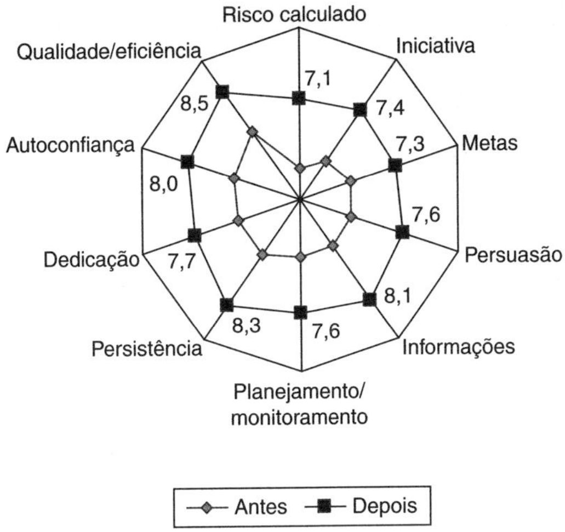

Figura 2 Autoavaliação dos alunos "antes da disciplina" e "depois da disciplina" (nota média por item do comportamento empreendedor)

Fonte: Elaboração própria, com base em questionário preenchido por 32 alunos.

Nota: Cada nota da figura corresponde à média das notas atribuídas pelos alunos da turma na autoavaliação sobre sua situação inicial e final, em uma escala de 0 a 10.

Tabela 1 Média das notas atribuídas "antes" e "depois" e evolução relativa

Características	(A) Nota "antes"	(B) Nota "depois"	(B)/(A) Evolução relativa
Risco calculado	4,3	7,1	66%
Iniciativa	4,9	7,4	52%
Informações	5,3	8,1	52%
Persistência	5,7	8,3	45%
Persuasão	5,3	7,6	43%
Planejamento	5,3	7,6	42%
Metas	5,3	7,3	37%
Dedicação	5,7	7,7	34%
Autoconfiança	6,0	8,0	34%
Qualidade/eficiência	6,4	8,5	32%

Fonte: Elaboração própria, com base em questionário preenchido por 32 alunos.

Nota: Cada nota corresponde à média das notas atribuídas pelos alunos da turma na autoavaliação sobre sua situação inicial e final, em uma escala de 0 a 10.

Com relação à capacidade de elaboração do plano de negócio (questão 11 do questionário) e à disposição para constituir negócio próprio nos próximos meses/anos (questão 12 do questionário), essas foram as questões que apresentaram os maiores desvios relativos (desvio padrão/média) no período "antes" da disciplina, mostrando-se como os itens com maiores disparidades no grupo de alunos aqui analisado (Tabela 2 e Figuras 3 e 4).

Comparando as notas das questões 11 e 12 com a média das questões 1 a 10 (Tabela 3), verifica-se que, no período "antes", a

Tabela 2 Desvio médio (desvio padrão/média) para as 12 perguntas do questionário

Questão	Desvio médio "antes"	Desvio médio "depois"
1	0,4	0,2
2	0,5	0,3
3	0,4	0,1
4	0,4	0,2
5	0,4	0,3
6	0,4	0,2
7	0,4	0,3
8	0,4	0,3
9	0,4	0,3
10	0,4	0,3
11	0,7	0,2
12	0,7	0,3

Fonte: Elaboração própria, com base em questionário preenchido por 32 alunos.

Tabela 3 Média das notas atribuídas "antes" e "depois" e evolução relativa

Itens avaliados	(A) Nota "antes"	(B) Nota "depois"	(B)/(A) Evolução relativa
Plano de negócio	3,8	8,1	117%
Abrir uma empresa	3,9	7,3	89%
Dez características do comportamento empreendedor (média)	5,4	7,7	43%

Fonte: Elaboração própria, com base em questionário preenchido por 32 alunos.

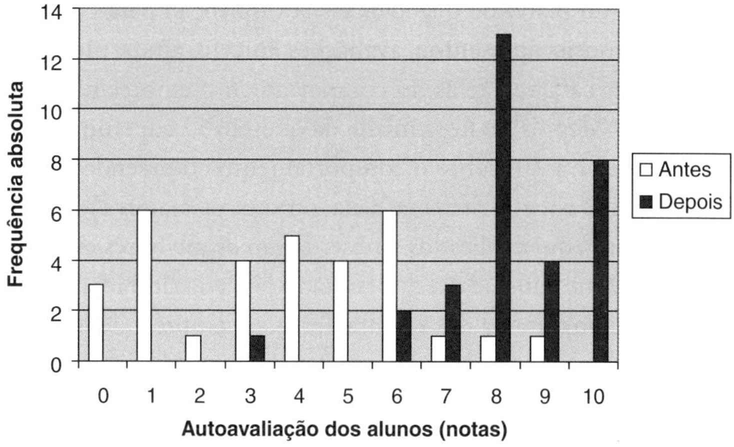

Figura 3 Histograma da questão 11 (capacidade de elaborar um plano de negócio) "antes" e "depois" da disciplina

Fonte: Elaboração própria, com base em questionário preenchido por 32 alunos.

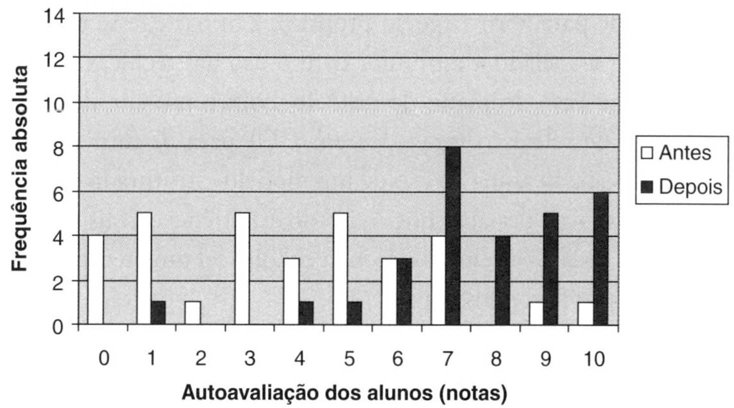

Figura 4 Histograma da questão 12 (disposição para abrir o próprio negócio) "antes" e "depois" da disciplina

Fonte: Elaboração própria, com base em questionário preenchido por 32 alunos.

percepção dos alunos sobre o *gap* de conhecimento associado à elaboração do plano de negócios e sua disposição para constituir negócio próprio apresentou avaliações iniciais ainda piores que a média das características do comportamento empreendedor. Já no período "depois", a nota média da questão 11 superou a média das questões 1 a 10 (sobre o comportamento empreendedor), e a da questão 12 chegou próxima a ela, ou seja, os maiores *gaps* entre os três temas aqui analisados apresentaram as melhores evoluções relativas. O mesmo padrão de resultado já havia sido identificado na análise comparativa das 10 características empreendedoras, entre si: os maiores avanços relativos ocorreram onde eram maiores os *gaps*.

No período "depois", os desvios médios das questões 11 e 12 aproximaram-se bastante dos desvios médios das demais questões avaliadas (1 a 10). Isso denota que o conjunto dos alunos evoluiu, chegando a uma posição final muito mais homogênea que no ponto de partida, em todos os itens aqui analisados (características empreendedoras, habilidade para elaborar planos de negócios e disponibilidade para abrir negócio próprio). Em parte, esse resultado parece estar associado a estímulos com o uso das técnicas lúdicas,[7] inclusive, no caso do plano de negócio, com o uso simultâneo de programas de televisão (gravados em CD) para discutir casos de sucesso, associado ainda ao uso de um modelo estruturado de plano de negócios. Vale destacar que o uso de experiências reais gravadas em vídeo e discutidas em sala de aula encontrou uma receptividade muito boa por parte dos alunos.

Enfim, deve-se destacar que, após a conclusão do curso, 94% dos alunos da classe manifestaram ter aumentado sua propensão pessoal a abrir um negócio próprio (Figura 5). Esse resultado e os demais já mencionados parecem confirmar a expectativa inicial de que o uso de

[7] A despeito da impossibilidade da utilização de um grupo de controle no mesmo período, o desempenho e o envolvimento dos alunos desse período letivo foram superiores aos dos períodos letivos anteriores.

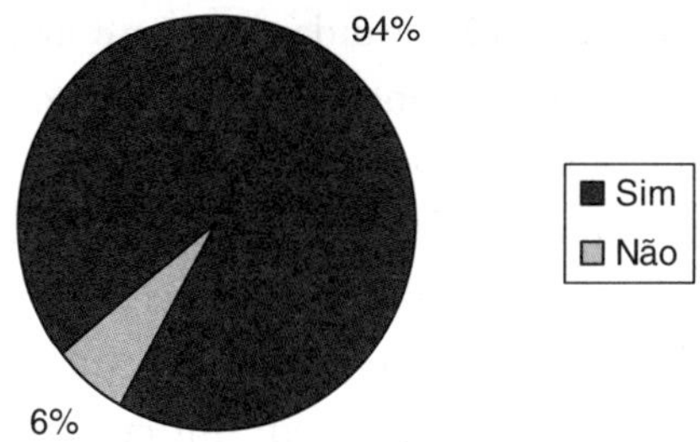

Figura 5 Proporção de alunos que manifestou ter aumentado sua propensão a abrir um negócio próprio após a conclusão do curso

Fonte: Elaboração própria, com base em questionário preenchido por 32 alunos.

técnicas lúdicas no ensino do empreendedorismo (seja no comportamento empreendedor ou no plano de negócios) pode exercer um importante papel na formação de futuros empreendedores.

3. CONSIDERAÇÕES FINAIS

O objetivo deste capítulo foi apresentar um estudo de caso sobre o uso de técnicas lúdicas no ensino do empreendedorismo no nível universitário.

O uso de técnicas lúdicas no ensino do empreendedorismo pode ser uma alternativa bastante promissora para estimular alunos do ensino superior a tornarem-se futuros empreendedores. Isso é particularmente importante em casos como o brasileiro, em que há uma baixa propensão inicial dos indivíduos a tornarem-se empreendedores por oportunidade.

Na primeira parte deste artigo, foi discutido o conceito de empreendedor e empreendedorismo. Nesse ponto, destacam-se os estudos que abordam os fatores motivacionais que levam os indivíduos a se tornarem empreendedores. Outra parte importante da literatura é aquela que trata a inovação como mola propulsora do desenvolvimento e o empreendedor como o agente que lidera esse processo de transformação. Ainda com base na literatura mais recente, destacamos a importância da promoção do empreendedorismo na sociedade, sobretudo por meio da inserção de disciplinas de empreendedorismo em todos os níveis de ensino.

Na sequência, expusemos a experiência conduzida pelo autor na adoção de técnicas lúdicas no ensino do empreendedorismo, durante o período letivo de 2007, em um curso da área de ciências humanas e sociais, em uma universidade privada do município de São Paulo.

A ideia básica dessa abordagem é que, de modo geral, a estrutura de ensino brasileira conduz à formação de profissionais que desejam tornar-se "empregados". Essa é uma das razões de o Brasil despontar como um dos países com maior proporção de empreendedorismo por necessidade, em geral, de pior qualidade e remuneração mais baixa.

Assim, a demoção desses vieses de formação e o estímulo ao empreendedorismo por oportunidade tendem a ser mais bem-sucedidos por meio da aplicação de jogos interativos e dinâmicas de grupo. A proposta da disciplina, mais do que prover conhecimento sobre técnicas de planejamento e gestão, é estimular o desenvolvimento do perfil empreendedor dos alunos e despertar nestes o genuíno interesse por tornar-se empreendedor.

Após a identificação dos maiores *gaps* em termos de perfil empreendedor, por meio de questionário, foi aplicado aos alunos um conjunto de jogos interativos, dinâmicas de grupo e análise de *cases* de sucesso, com o uso de registros de televisão e outras mídias. Com isso, conseguiu-se estimular o desenvolvimento de características empreendedoras, a habilidade na elaboração de planos de negócios e a maior disponibilidade para a possibilidade de abertura do negócio próprio.

Como exemplos de jogos utilizados, destacamos aqueles que envolviam competições na criação de "negócios" (exemplos: os jogos Torre de canudos e Máscaras), em que os produtos precisavam ser "desenvolvidos", apresentados e "vendidos" ao mercado em curtíssimo espaço de tempo. Como exemplos de dinâmicas de grupo, estão as discussões de *cases* (exemplos: Ecotáxi e Grandes líderes) que permitem, na sequência das discussões, realizar atividades que estimulam o desenvolvimento da criatividade e do espírito empreendedor.

Todas as características do perfil empreendedor foram trabalhadas ao longo do curso, em especial aquelas que apresentavam maiores *gaps*, como: a baixa disposição em correr risco calculado e a falta de iniciativa/criatividade. O mesmo ocorreu quanto aos principais tópicos de um plano de negócios, no qual o uso de gravações de *cases* de sucesso, em vídeo, se mostrou muito promissor.

No fim do curso, foi aplicado um instrumento de autoavaliação nos alunos, para que identificassem seu grau de evolução quanto a seu comportamento empreendedor, sua capacidade de elaborar um plano de negócios e sua propensão individual para a abertura de um novo negócio. Como resultado, verificou-se uma evolução bastante expressiva de todos os itens citados, em especial dos itens que se apresentaram, antes do curso, como os maiores *gaps*. Essa evolução relativamente maior, no âmbito das deficiências iniciais mais fortes, gerou como resultado adicional perfis empreendedores mais homogêneos (seja na comparação entre os alunos ou entre os itens avaliados) e uma maior propensão individual dos alunos a abrir um negócio próprio.

Após a conclusão do curso, evidenciou-se, por exemplo, uma melhora de 32% a 66% nas notas atribuídas pelos próprios alunos sobre sua evolução, com respeito às suas características empreendedoras. Finalmente, após o curso, 94% dos alunos declararam que aumentou sua propensão para abrir um negócio próprio. Esses resultados indicam a importância do uso de técnicas lúdicas no ensino do empreendedorismo.

REFERÊNCIAS

BALDASSARI, S. "Fostering entrepreneurial mindsets through education – a UE perspective". In: INTERNATIONALIZING ENTREPRENEURSHIP EDUCATION AND TRAINING, 2007, Gdansk. Gdansk University of Technology, 8-11 July 2007.

BEDÊ, M. A. *Sobrevivência e mortalidade das empresas paulistas de 1 a 5 anos*. São Paulo: Sebrae, 2005.

_____. "Sebrae and small businesses (SMBs) in Brazil". In: DISCOVERING THE FUTURE OF ENTERPRISE DEVELOPMENT CONFERENCE. Londres, 2007.

DJANKOV, S. et al. "Entrepreneurship in China and Russia compared". *Journal of the European Economic Association, Papers and Proceedings*, v. 4, n. 2-3, p. 352-65, 2006.

_____. "What makes a successful entrepreneur? Evidence from Brazil". Center of Economic and Financial Research at New Economic School (CEFIR), *NES Working Paper series*, n. 104, 2007.

DORNELAS, J. C. A. *Empreendedorismo na prática: mitos e verdades do empreendedor de sucesso*. Rio de Janeiro: Elsevier, 2007.

GLOBAL ENTREPRENEURSHIP MONITOR (GEM). 2007.

MCCLELLAND, D. *The achieving society*. Princeton, NJ: Van Nostrand, 1961.

OCDE. *Entrepreneurship and economic development: the Empretec Showcase*. Genebra: OCDE, 2005.

SCHERER, F. M.; ROSS, D. *Industrial market structure and economic performance*. 3. ed. Boston: Houghton Mifflin, 1990.

SCHUMPETER, J. A. *The theory of economic development: an inquiry into profits, capital, credit, interest and the business cycle*. Cambridge, MA: Harvard University Press, 1911.

CAPÍTULO 9

O uso das competições de planos de negócios como ferramenta de ensino de empreendedorismo[1]

TALES ANDREASSI
RENE JOSÉ RODRIGUES FERNANDES

1. APRESENTAÇÃO

Na última década, houve um significativo crescimento no número de competições de planos de negócios no âmbito das escolas de administração, que transformou esses concursos em ferramentas de educação empreendedora. Estas tiveram seu uso disseminado a partir do surgimento das competições Moot Corp, promovida pela Universidade do Texas, em Austin (Estados Unidos), e da Charm Prize, de Babson College, também nos Estados Unidos. As competições se aliam ao ensino da metodologia de desenvolvimento de planos de negócios, que é visto, por diversos autores, como o principal paradigma na formação de empreendedores.

[1] Os autores agradecem ao GVcenn (Centro de Empreendedorismo e Novos Negócios da Fundação Getulio Vargas) pelo apoio prestado na elaboração do capítulo.

Este capítulo objetiva oferecer um panorama das competições, mostrando a ligação com o uso de planos de negócios, a evolução histórica, as justificativas para sua existência, as formas de organização, os casos de sucesso, as críticas e outras implicações. Ao final, será discutido também como essa ferramenta se relaciona com o uso do modelo *effectuation* no ensino do empreendedorismo.

Até pouco tempo atrás, as escolas de administração brasileiras elaboravam seus currículos visando atender quase que totalmente às necessidades do mundo corporativo. Tal fato ocorria também em outros países, como afirmam Tan e Ng (2006), para quem as escolas de negócios convencionalmente têm programas que produzem *middle managers* para grandes empresas, dando muita ênfase a técnicas a serem usadas no mundo corporativo, em vez de criar líderes criativos que assumam riscos.

Com a redução do número de empregos oferecidos pelas grandes empresas, o aumento das jornadas de trabalho e o exemplo dos jovens empreendedores que enriqueceram com suas ideias inovadoras, as escolas começaram a enxergar o empreendedorismo como uma forma de reter e atrair novos alunos.

É nesse contexto que se insere a educação empreendedora, com elementos como a criação de centros de empreendedorismo nas grandes escolas (Alperstedt e Carvalho, 2006), a fundação de incubadoras, o ensino da metodologia de elaboração de planos de negócios e, em muitas instituições de ensino, as competições de planos de negócios.

Para Hagarty e Styles (2006), *business plan* é um termo que se tornou sinônimo de educação para o empreendedorismo, sendo, talvez, a ferramenta mais difundida no ensino do empreendedorismo. Das 100 principais universidades americanas segundo o *ranking* de 2004, 78 possuíam, pelo menos, um curso voltado à elaboração de planos de negócios.

2. PLANOS DE NEGÓCIOS

Antes de falar sobre competições de planos de negócios é necessário refletir sobre o propósito da criação de um *business plan*. Segundo Ford et al. (2007), muitos pensam em um plano como uma ferramenta para empresas iniciantes. Na realidade, ele deve ser parte integrante do planejamento de qualquer projeto, podendo ser utilizado tanto na criação quanto na expansão de um negócio. Alperstedt e Carvalho (2006) citam que um plano de negócios é uma ferramenta que permite prever, antecipar ou reduzir muitas das causas de fracasso em novos negócios. Assim, ressalta-se que, na verdade, um plano de negócios não é um fim em si. É um documento com estudos estratégicos que comprovam ou não a viabilidade econômica ou social de um projeto.

Antes de pensar em escrever um plano de negócios, o empreendedor deve ter um produto ou serviço que resolva um problema ou venha ao encontro de uma oportunidade identificada. Deve ter validado o mercado para aquele bem, ou seja, verificar se de fato existe demanda para aquele bem ou serviço. Deve ainda ter formado um time brilhante de gestores, composto de talentos complementares. Deve ter desenvolvido as estratégias mercadológicas do negócio, ou seja, como entrar no mercado, conquistar a clientela, manter-se e crescer. Deve ter feito o planejamento operacional e gerencial e, então, projetado os custos e as receitas de forma realista (Adams, 2002). Isso corrobora o ensinamento de Higgins (*apud* Alperstedt e Carvalho, 2006), que diz que um plano de negócios deve incluir, pelos menos, as seguintes informações: a) um panorama do negócio em questão; b) um conjunto específico de objetivos; c) um planejamento financeiro; d) um plano de marketing e e) um plano operacional, incluindo uma estimativa dos materiais e recursos humanos necessários ao negócio.

Um plano de negócios tem diversas utilidades e públicos diferenciados. Dentre eles, o próprio empreendedor, bancos, agências de fomento e todo tipo de capitalistas de risco. Eles se balizarão no plano de negócios para determinar projetos futuros, acompanhar cumprimento de metas e até mesmo direcionar o aporte de capital. Lange et al. (2004) afirmam que um plano de negócios é uma ferramenta de avaliação extensivamente utilizada por banqueiros e investidores.

3. COMPETIÇÕES DE PLANOS DE NEGÓCIOS

Com base na utilidade prática desse instrumento de planejamento foram criadas, em 1984, na Universidade do Texas, em Austin, e no Babson College, as duas primeiras competições de planos de negócios (Evans, Bygrave e Lange, 2004). Segundo Cadenhead (2002), o concurso da Universidade do Texas, que é voltado para alunos de MBA, surgiu a partir da ideia de dois alunos, em 1983, e teve sua primeira edição em 1984. Eles enxergaram uma forma – livre de risco e com assistência acadêmica – de criar novos negócios e apresentá-los para investidores, dando a oportunidade aos estudantes de aplicar seu conhecimento na prática e apresentar suas ideias e vocações em algo além de um simples exercício de sala de aula. Esse concurso chamou-se Moot Corp competition.

Lange et al. (2004) citam que Jeff Timmons criou o Charm Prize competition, voltado para alunos de graduação, também em 1984, em Babson College. O Moot Corp clama ser a primeira competição, por ter seu embrião em 1983 e permanece ativo até os dias de hoje. O Charm Prize foi descontinuado, sendo substituído por outras competições naquela escola.

Desde a primeira edição do Moot Corp e do Charm Prize, diversos outros concursos foram criados. Wen e Chen (2004), Alperstedt e Carvalho (2006), Dodt et al. (1999), Chapman e Skinner (2006), entre outros, citam o florescimento de competições em Taiwan, no Brasil, na Suíça, nos Estados Unidos, na Inglaterra e em diversos outros países, tanto no meio acadêmico como no meio empresarial.

Lange et al. (2004) dizem que, entre as 12 universidades mais bem ranqueadas em 2004 nos Estados Unidos, 10 possuíam suas competições de planos de negócios.

No Brasil, a Fundação Getulio Vargas promove, desde 2001, o Latin Moot Corp. Essa é a versão do Moot Corp voltada para os países latinos. Desde 2008 o país conta ainda com o Desafio GV-Intel, promovido também pela Fundação Getulio Vargas, e com Prêmio Santander, organizado pelo Banco Santander, sendo que os três são realizados em âmbito nacional. Há ainda concursos como o Empreenda, voltado para os alunos do IBMEC, em São Paulo, além de outras competições de abrangência regional.

A literatura enumera diversas justificativas para o uso das competições de planos de negócios no ensino de empreendedorismo. Tan e Ng (2006) colocam a elaboração de planos de negócios e a participação em competições como uma forma de aprendizado baseado em problemas (*problem-based learning*), qualificando os programas de ensino de empreendedorismo construídos dessa forma como os de maior sucesso. Eles salientam a importância de os alunos formularem suas ideias sobre novas empresas e experimentarem o mundo dos negócios em um ambiente seguro e livre de risco, classificando o processo de construir um plano baseado em um negócio e apresentá-lo em um painel de juízes, como uma forma de aprender fazendo (*learning-by-doing*).

Wen e Chen (2003) concluem que as competições dão aos alunos a oportunidade de aprender desde o estágio inicial da criação de um novo negócio, passando pelo desenho de uma companhia até o lançamento da empresa, enquanto aprendem capacidades gerenciais. Esses autores enfatizam que essas disputas são semelhantes ao ambiente real do mundo de negócios, com incertezas e riscos inesperados, fazendo com que os estudantes ganhem a habilidade de solucionar problemas em situações que, de modo geral, não existiriam em sala de aula.

Alperstedt e Carvalho (2006) narram a experiência de alguns participantes de uma competição no Brasil. Os alunos consideraram a disputa uma oportunidade de colocar o conhecimento em prática e citaram que diversos conteúdos aprendidos em sala de aula se transformaram em objeto de discussão no desenvolvimento do *business plan*.

Cadenhead (2002) afirma que o objetivo dos criadores do Moot Corp era dar aos alunos uma oportunidade valiosa de apresentarem seus talentos, colocar o conteúdo aprendido em classe no contexto real dos negócios, dar a oportunidade aos alunos para conhecer e aprender com pessoas de negócios, permitir que alunos com tendências empreendedoras pudessem contatar o mundo empresarial e apresentar estudantes de destaque aos possíveis empregadores. Cadenhead (2002) conclui ainda que os fundadores da competição esperavam, além dos benefícios aos alunos, dar aos líderes empresariais locais a oportunidade de avaliar os alunos de MBA em situações reais e criar benefícios para a Universidade do Texas, que ganharia com o contato com a comunidade de negócios.

Hagarty e Styles (2006) enfatizam que disputas de planos de negócios cobrem uma dimensão diferente na hora de comunicar ideias. Enquanto os alunos estão acostumados a exames escritos, esta é uma oportunidade de defender oralmente suas ideias diante de um painel de juízes, deixando-os mais bem treinados para colaborar com pares de diferentes disciplinas, transmitir ideias e melhor venderem a si mesmos e seus produtos, que são características buscadas, com frequência, por investidores no mundo real de negócios.

Huffman e Quigley (2002) salientam a importância dessas competições no encorajamento da atividade empreendedora e na ligação entre empreendedores e fontes de financiamento, de modo que algum participante pode até, eventualmente, receber aporte de investidores que participam das bancas de julgamento.

Huffman e Quigley (2002), Friar e Meyer (2001) e Dodt et al. (1999) tratam ainda da importância das competições de planos de negócios para o desenvolvimento regional, como os exemplos de Boston e do Vale do Silício, nos Estados Unidos, onde há o surgimento de várias empresas de tecnologia incentivadas por esse ambiente.

A metodologia usada para organizar as competições é bastante parecida, como narram os diversos autores pesquisados. Cadenhead (2002) conta que a competição Moot Corp convida grupos de diversas escolas de pós-graduação de todo o mundo, além de vencedores de competições regionais. Esses participantes chegam a Austin, no estado norte-americano do Texas, até quarta-feira à noite na semana da competição. Na quinta-feira, as equipes, separadas em divisões, apresentam seus negócios para bancas de juízes no chamado *feedback round*. Essa fase do concurso não tem valor oficial na disputa e objetiva a melhora das apresentações. Na sexta-feira, os times, separados em divisões, apresentam-se para uma banca de juízes composta de *venture capitalists*, *business angels*, consultores e empreendedores. Esses jurados selecionam os melhores de cada divisão que participarão da semifinal, no sábado de manhã. Os mais bem colocados nessa semifinal participam da final, no período da tarde. Aos juízes dessa competição pergunta-se em que empresa eles investiriam e, baseados na resposta, eles escolhem um ganhador para cada divisão, em cada uma das sessões (rodada de abertura, semifinal e final). Dessa maneira, chega-se a um time campeão. No sábado à noite, acontece uma cerimônia de premiação, na qual são entregues prêmios para os melhores planos escritos, as melhores apresentações e os primeiros colocados.

Alperstedt e Carvalho (2006) citam uma competição com um propósito específico: desenvolver um plano de negócios para uma determinada empresa. Nessa disputa, os grupos se inscreviam e passavam por duas etapas, sendo uma eliminatória e outra classificatória, escrevendo seus planos baseados nas expectativas dos organizadores.

Dodt et al. (1999) apresentam uma competição de três fases: em uma primeira fase são descritos a ideia de produto ou serviço, o mercado ao qual ela atende e os atuais competidores. Na segunda fase, os participantes produzem uma ideia geral do mercado e das vendas, a organização da empresa, as oportunidades financeiras e os possíveis riscos. E a terceira fase é composta de um plano de negócios detalhado. Aulas, *workshops* e sessões de aconselhamento permeiam cada uma das fases, permitindo que os participantes aprendam e evoluam ao longo da competição. Esses autores enfatizam ainda a importância da equipe que organiza a competição, da qual fazem parte um gerente de projetos, que tem contato com o público do programa, e todo seu pessoal de suporte.

Alguns concursos oferecem prêmios em dinheiro. A competição da Universidade de Rice, nos Estados Unidos, destina US$ 375 mil aos ganhadores. A competição relatada por Dodt et al. (1999) oferece premiações que variam entre US$1 mil e US$100 mil. Hagarty e Styles (2006) apresentam uma competição irlandesa que tem 25 mil libras como premiação, e Worrell enumera a competição de Wisconsin, nos Estados Unidos, que premia o primeiro colocado com US$50 mil em dinheiro. Despesas com premiações e gastos na administração fazem com que os concursos dependam de patrocínio para existir, como também atestam Dodt et al. (1999).

4. RESULTADOS DAS COMPETIÇÕES

Em uma análise sucinta, pode-se observar que, ao longo desses anos, não faltam exemplos de empresas de sucesso criadas a partir dessas competições. Em 2007, o site Entrepreneur.com evidenciou diversos empresários oriundos de disputas de planos de negócios. Entre os citados figura o brasileiro Rodrigo Veloso, ganhador do Latin Moot Corp de 2005. Esse empreendedor viabilizou seu plano graças aos contatos obtidos durante a competição em São Paulo e no Texas. Rodrigo afirma que, ao chegar aos Estados Unidos, conheceu investidores que o apresentaram a outros capitalistas de risco e "investidores anjo". Com mais de um ano de operação, a empresa O.N.E. – One Natural Experience – já faturou alguns milhões de dólares exportando água de coco, suco de açaí e outros produtos para os Estados Unidos.

Dodt et al. (1999) citam o exemplo da Alpha Sensors, originária de um plano ganhador da competição Venture 98, na Suíça, que em 1999 já empregava nove pessoas e estava prestes a lançar seu primeiro produto no mercado em 2000. Outro exemplo citado pelos autores é o da Wilex Biotechnology, ganhadora de uma competição em Munique, na Alemanha, em 1996, e que, em 1999, já possuía 15 funcionários, um conselho de diretores e havia recebido US$5 milhões de uma empresa de *venture capital* que acompanhava a competição.

Huffman e Quigley (2002) citam ainda que, dos 44 planos de negócios produzidos para a Berkeley Business Plan Competition, em 1999, dois relacionados à tecnologia da informação (TI) haviam recebido financiamento substancial e estavam em seu caminho para se tornarem *startups* de sucesso.

Evans, Bygrave e Lange (2004) conduziram um estudo para verificar a correlação entre ganhar competições de *business plans* e se tornar uma pessoa de negócios vitoriosa. A pesquisa entrevistou 1.967 graduados no Babson College, entre 1985 e 2003, e encontrou uma relação estatisticamente significante entre ganhar uma competição e começar um novo negócio. Esses autores mostram que os ganhadores das competições de planos de negócios do Babson College tiveram uma probabilidade muito maior de ter aberto um novo negócio durante suas carreiras ou participado da fundação dele. Além disso, eles descobriram que apenas participar dos vários aspectos de uma competição aumenta a probabilidade de iniciar um novo negócio, e que finalistas têm uma tendência ainda maior do que seus pares de começar uma empresa. Da mesma maneira, eles revelam que os alunos que escreveram planos de negócios durante a vida acadêmica tiveram maior propensão de abrir uma firma do que aqueles que não escreveram nenhum plano enquanto estudantes. Esses pesquisadores afirmam também que não obstante a proliferação das competições, ainda há poucos estudos em relação ao caminho seguido pelos ganhadores dessas disputas.

Apesar desses exemplos de sucesso, há algumas críticas em relação às competições de planos de negócios. Lange et al. (2004) se perguntam se não estamos dando prêmio a estudantes que escreveram planos com conteúdo desenvolvido e elegante, em vez de premiarmos quem de fato executou um negócio, e sugerem uma mudança de *business plans competitions* para *new venture competitions*, com ênfase na implementação real de novos negócios. Eles usam o esporte para dizer que quem ganha uma competição não é aquele que melhor se comporta dentro das regras, mas aquele que obteve a vitória em campo. Eles também questionam em seu artigo a importância dos planos de negócios na implantação de novas empresas. Para tanto, eles conduzem um estudo com 116 *startups* e concluem que não há diferença entre aquelas que se utilizaram de planos de negócios e as que não utilizaram. Com isso, os autores sugerem que, a menos que seja necessário apresentar para investidores, um *business plan* não é uma condição decisiva na criação de um novo empreendimento.

Hagarty e Styles (2006) questionam se aqueles que não obtêm os primeiros lugares não estarão tão preparados para o mundo dos negócios em face dos melhores colocados e afirmam que ganhar não significa que o time vencedor tenha tido uma ideia melhor que a do outro ou vice-versa. Eles também salientam a importância de não dar notas aos alunos apenas com base no desempenho que eles obtiveram nas competições. Chapman e Skinner (2006), em seu texto, tentam demonstrar a necessidade de unir alunos de cursos tecnológicos com alunos de negócios, para que sejam criados negócios de sucesso.

Entre os benefícios, nunca é demais ressaltar que, nessas competições de planos de negócios, mais importante do que ganhar são os relacionamentos obtidos e as informações e conhecimentos que circulam entre os empreendedores. A experiência de expor uma ideia diante de um público especializado e crítico insere a comunidade acadêmica em uma experiência prática de negócios (Worrell, 2008).

5. O ENSINO DO EMPREENDEDORISMO SOB A ÓTICA DO EFFECTUATION

Não se pode deixar de finalizar este capítulo sem comentar a lógica do *Effectuation*, uma vez que ela se contrapõe à utilização dos planos de negócios. A transposição da abordagem *Effecutation* para o mundo do empreendedorismo foi feita em meados de 2000, pela professora americana Sarah Sarasvathy, fato que lhe rendeu o prêmio de melhor *paper* da Academy of Management em 2001. A abordagem *effectual* preconiza que a grande maioria dos empreendedores, ao abrir uma empresa, está muito mais preocupada em quanto eles suportam perder do que no retorno de seu investimento. O propósito, nesse modelo, não é maximizar os retornos financeiros potenciais, mas, sim, reduzir a incerteza de certas estratégias e combinações de recursos (Tasic e Andreassi, 2008).

De uma forma muito simplista, a abordagem *effectual* combina o *learning by doing* com a prática da tentativa e do erro. As escolas de negócios do mundo todo ensinam que, para que um novo empreendimento se torne realidade, deve-se partir da definição e segmentação de mercados-alvos, seguidos do estabelecimento de planos de marketing e do posicionamento de um conjunto de produtos e serviços – a chamada lógica causal. A visão *effectual*, por sua vez, inverte a relação de causa-efeito. Os empreendedores, nesse caso, partem da definição de um dos muitos mercados em que poderiam trabalhar. Eles optam por iniciar o novo negócio pautado por menos informações, mas aproveitam as contingências e parcerias que forjam, por meio de experimentações, a venda efetiva de seus produtos e serviços.

É aquela velha história da dona de casa que começa a fazer chocolate em seu domicílio. Ela se aperfeiçoa, inicia a venda para amigos e parentes e depois abre uma pequena loja junto com uma parceira. Nessa experiência, ela descobre um nicho bem interessante e lucrativo – a venda do chocolate com a marca de uma empresa para ser oferecido como brinde a clientes. Ou seja, ao abrir o negócio, ela está muito mais preocupada com o quanto pode perder se o negócio não der certo do que com a taxa interna de retorno ou o valor presente líquido. A entidade externa que é o centro de suas atenções não é seu concorrente, mas, sim, as parcerias estratégias – amigos, conhecidos e parentes que podem ajudá-la a fazer o negócio prosperar.

O modelo de Sarasvathy é muito oportuno pelo fato de que a grande maioria dos negócios abertos no Brasil e no mundo obedece muito mais à lógica *effectual* do que à lógica causal. No entanto, o ensino de empreendedorismo ainda está em grande parte calcado na lógica causal, que tem sua principal ferramenta na elaboração de *business plans*. Fica aqui o grande desafio para as escolas de negócios – pensar em metodologias mais próximas da abordagem *effectuation*. Em Babson College, por exemplo, uma das escolas mais tradicionais de empreendedorismo, os alunos, logo no primeiro semestre da faculdade, recebem uma verba para abrir um negócio dentro do campus.

REFERÊNCIAS

ADAMS, R. *A good hard kick in the ass: basic training for entrepreneurs*. Nova York: Crown Business, 2002.

ALPERSTEDT, C.; CARVALHO, A. H. P. de. "Business plan competition: an alternative teaching methodology to promote entrepreneurship". In: INTENT CONFERENCE, FGV-SP. São Paulo, julho 2006.

BYGRAVE, W. D.; LANGE, J. E.; EVANS, T. "Do business plan competitions produce winning businesses?" In: ZAHRA, S. et al. (Eds.). *Frontiers of entrepreneurship research 2004*. Wellesley, MA: Babson College, 2004.

CADENHEAD, G. M. *No longer moot: the premier new venture competition from idea to global impact*. Remoir, 2002.

CHAPMAN, D.; SKINNER, J. "Collaborations, courses, and competitions. Developing entrepreneurship programmes at UCL". *Education + Training*, v. 48, n. 5, p. 386-97, 2006.

DODT, A.; STEIN, L.; STRACK, S. "Do-it-yourself Silicon Valley: using business plan competitions to spur innovation". *The Mckinsey Quarterly*, n. 3, p. 60-9, 1999.

FOOA, M. D.; WONGA, P. K.; ONG, A. "Research note: do others think you have a viable business idea? Team diversity and judges' evaluation of ideas in a business plan competition". *Journal of Business Venturing*, n. 20, p. 385-402, 2005.

FRIAR, J. H.; MEYER, M. H. "Entrepreneurship and start-ups in the Boston region: factors differentiating high-growth ventures from micro-ventures". *Small Business Economics*, n. 21, p. 145-52, 2003.

HEGARTY, C.; STYLES, J. "The value of business plan awards in Northern Ireland". In: INTENT CONFERENCE, 16, 2006, São Paulo.

HIGGINS, J. M. *The management challenge: an introduction to management*. Nova York: Macmillan, 1991.

HUFMAN, D.; QUIGLEY, J. M. "The role of the university in attracting high tech entrepreneurship: a Silicon Valley tale". *The Annals of Regional Science*, n. 36, p. 403-19, 2002.

LANGE, J. E. et al. *Pre-startup formal business plans and post-startup performance: A study of 116 new ventures*. Wellesley: Babson College. 2004.

TAN, S. S.; NG, C. K. F. "A problem-based learning approach to entrepreneurship education". *Education + Training*, v. 48, n. 6, p. 416-28, 2006.

TASIC, I.; ANDREASSI, T. "Strategy and entrepreneurship: decision making and creation under uncertainty". *Journal of Operations and Supply Chain Management*, v. 1, n. 1, jan./jun. 2008.

WEN, C. T.; WEN, Y. "The innovation process of entrepreneurial teams in dynamic business plan competition: from sense-making perspective". *Chen*, 2002.

WORRELL, D. "Raising money prize suprize". *Entrepreneur*, maio 2008.

CAPÍTULO 10

Curso de empreendedorismo para promover o desenvolvimento sustentável e a redução da pobreza[1]

RONALD JEAN DEGEN

Engenheiro eletricista modalidade eletrônica pela Escola de Engenharia Mauá de São Paulo; pós-graduado em automação pela ETHZ da Suíça; MBA pela Universidade de Michigan dos Estados Unidos; cursos de extensão no IMD na Suíça e nas Universidades de Stanford e Harvard e no MIT.

O autor chegou ao Brasil nos anos 1970 e encontrou pobreza extrema nas favelas e uma das maiores desigualdades de renda mundo. Convidado, em 1980, a dar aula na Escola de Administração de São Paulo (Easp) da Fundação Getulio Vargas (FGV), iniciou o ensino do empreendedorismo no Curso de Especialização em Administração para Graduados (Ceag), na disciplina Diretrizes Administrativas, visando incentivar os alunos a empreender como opção de carreira e assim promover o crescimento econômico para reduzir a pobreza e a desigualdade.

---

[1] A parte conceitual deste capítulo está baseada no artigo do autor: "Empreendedorismo: uma filosofia para o desenvolvimento sustentável e a redução da pobreza", publicado na *Revista de Ciências da Administração*, maio/agosto 2008, p. 11-30.

As aulas iniciavam com a apresentação da dramática desigualdade de renda e da extrema pobreza de uma significativa parcela da população brasileira e desafiavam os jovens alunos, como a futura elite do país, a fazer algo para mitigar essa situação. O objetivo do curso era mostrar aos alunos que empreender era uma opção à carreira de executivo em uma grande empresa, com o propósito de estimulá-los a contribuir para o desenvolvimento econômico, para melhorar a distribuição da riqueza e minimizar a desigualdade social. Os alunos responderam com entusiasmo a essa proposta e as aulas sempre atraíam mais alunos do que o número de vagas disponíveis.

Em 1981, para atender à demanda dos alunos a Easp, ele resolveu criar o curso de Novos Negócios e, dessa forma, iniciou o ensino do empreendedorismo no Brasil. O sucesso do curso entre os alunos e os negócios iniciados por alguns deles atraiu o interesse da imprensa, e em 1985, o jornal *O Estado de S.Paulo* fez uma matéria sobre o curso, como mostra a Figura 1.

Empreender

como opção de carreira

FGV abre caminho para a livre iniciativa

Figura 1 Manchete do "Caderno de Empresas" do jornal *O Estado de S. Paulo* de 14 de junho de 1985

No fim dos anos 1980, o autor transcreveu suas notas de aula no livro *O empreendedor: fundamentos da iniciativa empresarial* (1989), com o objetivo de ajudar seus colegas de outras escolas e universidades brasileiras a introduzir o curso de empreendedorismo e incentivar os alunos a promover o desenvolvimento econômico e, assim, contribuir para a redução da pobreza. Esse livro acabou atraindo o interesse do grande público e ficou durante meses entre os mais vendidos no Brasil, na categoria de "não ficção", tendo oito edições esgotadas. Até hoje, 20 anos após seu lançamento, ainda é adotado em muitas escolas e universidades, apesar de estar desatualizado. Assim, a pedido de colegas que ainda o adotam, o autor escreveu um novo livro *O empreendedor: empreender como opção de carreira* (2009), com muito das ideias originais do primeiro livro e outras novas acumuladas em mais de 40 anos desenvolvendo negócios e dirigindo empresas.

1. POBREZA CONTINUA SENDO O MAIOR DESAFIO BRASILEIRO

Desde o fim dos anos 1980, a riqueza mundial dobrou, entretanto, quase metade da população mundial de mais de 6,6 bilhões, quase 2,5 bilhões, continua pobre e subsiste com menos de US$2 por dia e, o que é pior, destes pobres, 1 bilhão, que corresponde a 15% da população mundial, vive na pobreza extrema e subsiste com menos de US$1 por dia, de acordo com estatísticas do relatório World Development Report do Banco Mundial (WDR 2008).

No Brasil, 40 milhões de pessoas, o que corresponde a 22% da população de 184 milhões, vivem na pobreza e subsistem com menos de US$2 por dia. Entre essas, quase 15 milhões, equivalentes a 8% da população, vivem na pobreza extrema e subsistem com menos de US$1 por dia, de acordo com as mesmas estatísticas do Banco Mundial.

Apesar do desenvolvimento da economia brasileira nos últimos anos, a concentração de renda do país é a oitava mais mal colocada no *ranking* mundial de desigualdade, de acordo com o relatório Human Development Report das Nações Unidas (HDR 2008). O Brasil só é melhor que Guatemala, Suazilândia, República Centro-Africana, Serra Leoa, Botsuana, Lesoto e Namíbia, e é usado naquele relatório para ilustrar que a má distribuição de renda ajuda a travar a expansão econômica e torna mais difícil que os pobres sejam beneficiados pelo crescimento. A renda dos 10% mais ricos da população brasileira é 47% da renda nacional, enquanto a dos 10% mais pobres é de apenas 0,7%. Se incluirmos renda, patrimônio e ganhos financeiros, 76% da riqueza do Brasil pertence a apenas 10% da população, segundo estatísticas apresentadas no *Atlas da Exclusão Social do Brasil* (2003).

A pobreza continua sendo, no século XXI, o maior desafio para o desenvolvimento econômico, a proteção do meio ambiente, a preservação dos recursos escassos da natureza, a estabilidade política, a evolução da democracia e a segurança pessoal. Se não conseguirmos reduzir a pobreza vamos colocar em risco a sustentabilidade de toda a humanidade.

2. IMPACTO DA ATIVIDADE EMPREENDEDORA

Ao contrário do previsto pelo autor ao introduzir o ensino do empreendedorismo no início dos anos 1980, a grande riqueza gerada pelos empreendedores nos últimos 40 anos não reduziu a pobreza e a desigualdade de renda no mundo nem no Brasil. Ficou evidente, também, que os empreendedores em países industrializados geraram mais riqueza que os empreendedores em países em desenvolvimento como o Brasil.

O impacto da atividade empreendedora no crescimento econômico de um país depende da motivação dessa atividade, como demonstram as pesquisas do Global Entrepreneurship Monitor (GEM). Os empreendedores motivados por oportunidade têm maior impacto sobre o crescimento econômico de um país, porque eles, mais bem preparados, desenvolvem mais negócios baseados em inovações e novas tecnologias, e muitos desses negócios têm grande potencial de "crescimento sustentado", de acordo com a classificação de negócios do autor (Degen 1989). Portanto, eles geram mais riqueza e empregos.

Por outro lado, os empreendedores motivados por necessidade têm pouco impacto sobre o crescimento econômico de um país, porque eles desenvolvem mais negócios sem inovação e nova tecnologia. A grande maioria é de negócios "medíocres", de acordo com a classificação do autor, que gera um mínimo de riqueza e empregos.

Além disso, maior atividade empreendedora por necessidade geralmente reflete uma situação de estagnação ou crise econômica no país, falta ou redução de empregos, o que força as pessoas a empreender para sobreviver. Com frequência, o crescimento econômico de um país de baixa renda é inversamente proporcional a sua atividade empreendedora por necessidade, ao passo que o crescimento econômico de um país de alta renda é diretamente proporcional a sua atividade empreendedora por oportunidade. Os altos índices de atividade empreendedora por habitante, como os do Equador, da Venezuela, da Colômbia e do Peru, refletem essa constatação, de acordo com as estatísticas do GEM (2007).

A diferença no impacto da revolução empreendedora sobre o crescimento econômico da revolução empreendedora nos Estados Unidos e na América Latina se explica, parcialmente, pela motivação da atividade empreendedora. Nos Estados Unidos, 80% dos novos empreendedores montam os seus negócios motivados por oportunidades, enquanto na Colômbia e no Brasil somente 55% são motivados por oportunidades (GEM 2007). Na Argentina, no Uruguai, na Venezuela e no Peru, de 60% a 70% dos novos empreendedores montam seu negócio motivados por oportunidades. A porcentagem dos novos negócios iniciados por empreendedores motivados por oportunidades vem crescendo lentamente na América Latina, de acordo com a mesma fonte.

Há outros fatores que promovem ou inibem a atividade empreendedora em um país e, principalmente, o empreendedorismo por oportunidade. Alguns deles são a educação e o treinamento da população, o número e a qualidade dos centros de pesquisa e de tecnologia, a disponibilidade de capital de risco, a profundidade do mercado, a existência de infraestrutura adequada e uma legislação que facilite a atividade empreendedora. Dois casos interessantes são os da China e da Índia, que apresentam atividade empreendedora crescente. Dos negócios iniciados nesses países, na China, 60% são motivados por oportunidades e 65% na Índia, mais do que no Brasil e na Colômbia (GEM 2007). Uma das explicações para esse crescimento na China e na Índia é o excelente nível de suas universidades e as oportunidades geradas pelo desenvolvimento acelerado de suas economias, principalmente a chinesa.

Apesar de o crescimento econômico ser uma das condições necessárias para a redução da pobreza no mundo, é preciso que esse crescimento seja sustentável, preservando os recursos escassos da natureza e o meio ambiente para gerações futuras e que focalize melhor o problema da redução da pobreza. Hoje, por exemplo, temos um consenso quase universal da necessidade de conter o aquecimento do planeta através da redução da emissão de CO_2. Há, também, a forte evidência de que o crescimento econômico dos últimos 40 anos, sobretudo na América Latina e no Caribe, não beneficiou adequadamente os pobres. Portanto, é preciso focar o empreendedorismo por oportunidade no desenvolvimento sustentável e o empreendedorismo por necessidade na inclusão social e na redução da pobreza.

3. ENSINO DO EMPREENDEDORISMO

Hoje muitas escolas técnicas e universidades já têm cursos e centros de empreendedorismo que motivam e treinam alunos para empreender, apoiam as iniciativas deles através de incubadoras e, em alguns casos, até ajudam a obter recursos financeiros. Mas a maioria dos cursos de empreendedorismo se destina aos alunos dos cursos de graduação que, de modo geral, ainda não têm a maturidade profissional e a experiência para visualizar oportunidades de negócio. Em contraste, ainda são poucas as universidades que têm cursos de pós-graduação para apoiar seus ex-alunos que apresentam a necessária experiência e maturidade no desenvolvimento de oportunidades de negócio.

A maioria das escolas técnicas e universidades que promove o empreendedorismo o faz com foco exclusivo nas áreas de tecnologia e de administração de negócios e isolado das outras disciplinas como sociologia, ciências comportamentais, história e ciências ambientais. Entretanto, essas disciplinas têm muito a contribuir com os candidatos a empreendedor, ajudando-os a encontrar oportunidades de negócio voltadas para o desenvolvimento sustentável, a inclusão social e a redução da pobreza.

As escolas técnicas e as universidades devem pesquisar as oportunidades de negócios que promovam o desenvolvimento sustentável e a redução da pobreza; devem atrair, treinar e motivar seus ex-alunos interessados em empreender para que eles aproveitem e desenvolvam essas oportunidades; e, também, atrair investidores e fundos de investimento interessados em obter lucros com a exploração delas. Elas precisam se transformar em agentes de mudança social ou, mais especificamente, em "agentes socializantes" para se tornarem eficazes na promoção do desenvolvimento sustentável e na redução da pobreza, como ilustrado na Figura 2.

O sucesso do curso de empreendedorismo ministrado pelo autor no Ceag da FGV e o número importante de negócios elaborados com base nas oportunidades por seus alunos deveram-se a dois fatores muito importantes:

1. O curso do Ceag se destinava a profissionais graduados, em geral médicos, como administradores, engenheiros, arquitetos, historiadores e sociólogos; e, assim, atraía pessoas com experiên-

Figura 2 Agentes socializantes promovendo o desenvolvimento sustentável e a redução da pobreza

Fonte: Degen 2009

cia e maturidade profissional que desejavam progredir e, para isso, necessitavam se aperfeiçoar em administração.

2. O curso sendo noturno era acessível a profissionais que trabalhavam, que tinham ambição e que estavam dispostos a sacrificar seu lazer para progredir.

Portanto, os alunos tinham, na medida certa, a experiência, a maturidade profissional, o conhecimento técnico e a necessidade de realizar para, naquele ponto de suas carreiras, optar por empreender.

Os problemas com o ensino do empreendedorismo no Ceag da FGV foram: a duração de um semestre e o fato de a proposta do curso não ser exclusivamente dirigida a alunos interessados em empreender. Para os alunos não interessados, o curso era apenas mais uma matéria no currículo. Além disso, em um semestre, não havia tempo para os alunos maturarem sua ideia de negócio e fazer as pesquisas necessárias para assegurar sucesso. Também, após o curso, não havia um sistema de orientação para os alunos e tampouco a iniciativa de atrair quem investisse nos negócios desenvolvidos pelos alunos.

Dessa experiência pôde-se concluir que cursos de empreendedorismo mais eficazes no aperfeiçoamento de empreendedores motivados por oportunidades devem ser desenvolvidos e ministrados para graduados das escolas técnicas e das universidades, especialmente aqueles interessados em montar seu negócio após alguns anos de experiência e maturidade profissional. Pois é justamente essa experiência e maturidade profissionais que desenvolvem nos candidatos a empreendedor o conhecimento necessário para que visualizem as oportunidades de negócio. Assim, o curso de empreendedorismo poderá ajudá-los a implementar essa oportunidade, maximizando suas chances de sucesso.

4. GRADUADOS ESTÃO MAIS BEM PREPARADOS

Cada vez que o autor expõe que os graduados das escolas técnicas e das universidades estão mais bem preparados para reconhecer oportunidades e, consequentemente, desenvolver negócios motivados por ela, alguém cita o exemplo de Bill Gates que criou a Microsoft sem se graduar. Claro que toda regra tem exceções, mas é importante destacar que Bill Gates foi admitido na Universidade de Harvard, uma das mais prestigiadas dos Estados Unidos da América, e, por isso mesmo, uma das mais seletivas na admissão de seus alunos. Ele abandonou a universidade para montar seu negócio. Portanto, de uma forma ou outra, ele se beneficiou do ambiente universitário e da efervescência de ideias a que foi exposto para desenvolver o que veio a ser a Microsoft.

Na Figura 3 (Degen, 1989), procura-se ilustrar como crescem o preparo e a autoconfiança do candidato a empreendedor com o acúmulo de conhecimento, com o domínio de tarefas e da complexidade

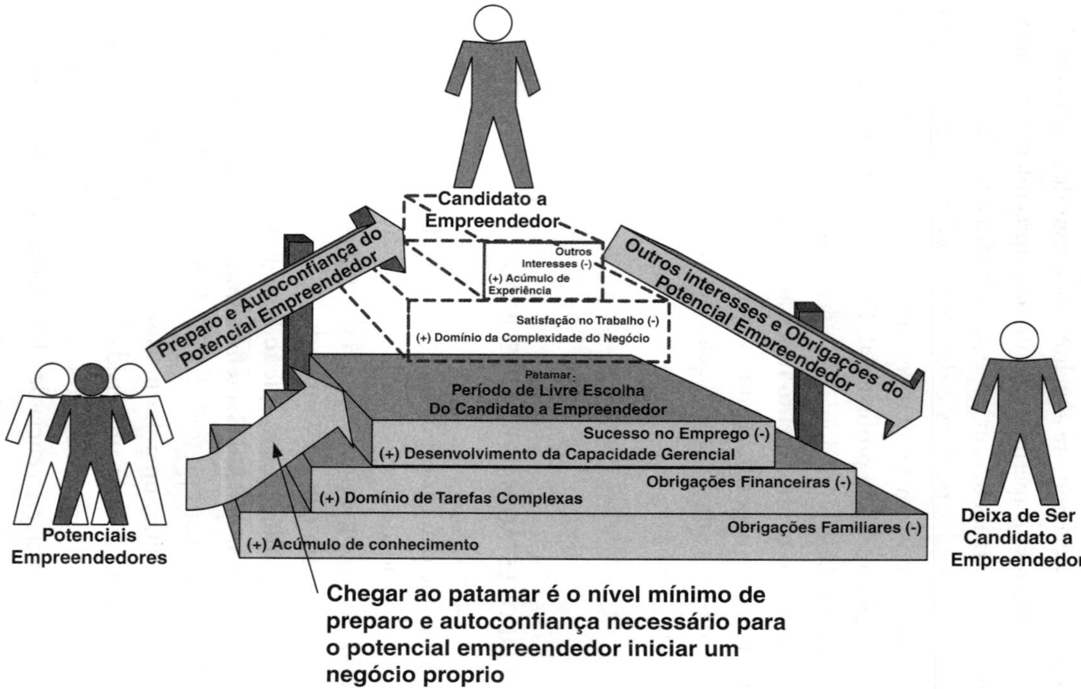

Figura 3 Preparo e autoconfiança do potencial empreendedor

Fonte: Adaptado de Degen, 1989.

do negócio que quer desenvolver, com o desenvolvimento de sua capacidade gerencial e, principalmente, com o aumento de experiência. O preparo e a autoconfiança são importantes para todos os empreendedores, os motivados por necessidades e os motivados por oportunidades. Mas para promover o desenvolvimento sustentável e a redução da pobreza e da desigualdade de renda é mais eficaz incentivar a atividade empreendedora motivada por oportunidade.

Adizes (1979) propôs quatro habilidades fundamentais para um administrador: produzir, administrar, empreender e integrar. Essas quatro habilidades, que chamou de Paei, foram adaptadas e usadas por Degen para avaliar candidatos a empreendedor. As habilidades adaptadas, ilustradas na Figura 4, são:

> **P**roduzir ou realizar as tarefas requeridas do negócio com eficiência;
>
> **A**dministrar outros para que produzam ou realizem as tarefas do negócio com eficácia;

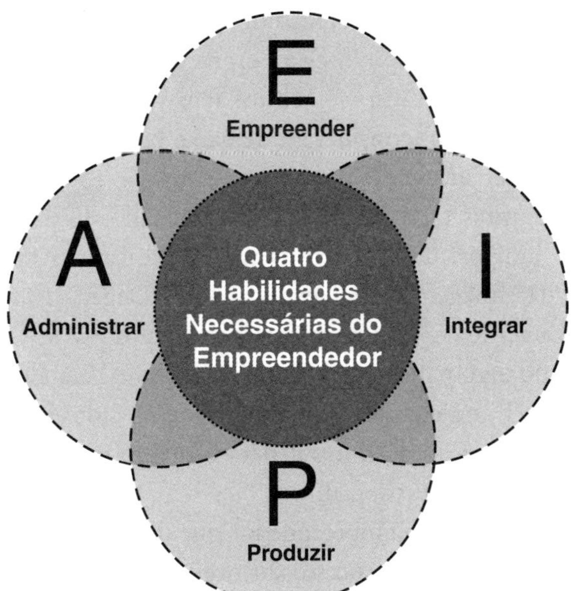

Figura 4 Habilidades necessárias para empreender

Fonte: Degen 2009

Empreender ou ser proativo na melhoria da eficiência ao produzir ou realizar as tarefas e da eficácia dos outros ao produzir ou realizar as tarefas do negócio; e

Integrar ou formar, liderar e motivar a equipe para produzir ou realizar as tarefas do negócio com eficiência e eficácia.

A simplicidade da metodologia desenvolvida por Adizes e sua facilidade de uso no contexto do empreendedorismo fizeram com que Degen a adotasse para avaliar a habilidade para empreender de candidatos a empreendedor com muito sucesso. Há um grande número de testes para avaliar candidatos a empreendedor, em livros e em sites da internet. Na experiência e no conhecimento do autor, nenhum desses testes foi realmente validado e, por isso, não têm nenhum valor prático.

É quase impossível o candidato a empreendedor ter sucesso em montar um novo negócio se não dominar e souber produzir ou realizar as tarefas básicas do negócio. A necessidade de executar as tarefas básicas do negócio tem sido, em muitos casos, uma das barreiras que muitos aspirantes a empreendedor latino-americanos não conseguem transpor. Muitos têm vergonha de executar essas tarefas porque as consideram de baixo prestígio. Um restaurante não vai ter sucesso se o empreendedor não souber cozinhar e fizer as compras toda madrugada no mercado. Essa vergonha, diante dos amigos, de executar as tarefas básicas do negócio, é a barreira da "imagem social" explicada por Degen (1989) e decorre diretamente da cultura Ibérica dos séculos XV a XVII: esta valorava o fidalgo, para o qual o trabalho manual era algo abaixo de sua classe. E, hoje em dia, ainda persiste na cultura brasileira, através da valorização do doutor, para o qual o trabalho manual está abaixo de seu status social.

É raro o candidato a empreendedor que domine todas as habilidades necessárias para o sucesso do negócio. Por isso, a maioria dos negócios motivados por oportunidades e que tiveram "sucesso sustentado" foi desenvolvido por equipes que se complementavam, como foi o caso de Apple, Microsoft, Google e Yahoo, nos Estados Unidos, e da Natura, no Brasil. No caso dos exemplos estadunidenses, as sociedades que formaram essas empresas se constituíram entre colegas dentro das universidades, o que reforça o argumento do autor, de que os graduados estão mais bem preparados para o empreendedorismo por oportunidade.

As escolas técnicas e as universidades, para promover o empreendedorismo por oportunidade, têm que ajudar os candidatos a empreendedor na autoavaliação de suas habilidades e, como "agentes socializantes", apoiá-los na formação de sociedades com sócios que as complementam. Também, nesse caso, as disciplinas comportamentais têm um papel importante para preparar os candidatos a empreendedor a formar equipes eficazes, complementares e motivadas.

5. PROPOSTA DE MODELO DE CURSO DE EMPREENDEDORISMO EFICAZ

O curso deve ter a duração mínima de um ano e ser estruturado de tal forma que os alunos possam continuar a trabalhar, fazer as pesquisas e o plano de seu negócio sob orientação de um professor, tal como ocorre com as monografias em programas de especialização e as dissertações nas de mestrado. O curso não precisa fornecer aos alunos diplomas reconhecidos oficialmente. Isso porque o certificado de conclusão do curso não tem importância prática para os empreendedores que querem montar seu negócio e ser o próprio patrão. O que eles querem, e precisam, é treinamento e apoio para desenvolver seus negócios.

Em linhas gerais, o curso deve seguir o modelo adotado por algumas escolas de administração para o curso do MBA Executivo. Ele deve ter a duração mínima de quatro a cinco trimestres, com quatro sessões de aulas presenciais de dois dias, e cursos através da internet, de tal forma que os alunos possam continuar a trabalhar e ter tempo para pesquisar e elaborar o plano de seu negócio sob a orientação de um professor. Além dos professores, o curso deve oferecer mentores, que devem ser empreendedores bem-sucedidos e dispostos a ajudar, através de trabalho voluntário, os candidatos a empreendedor a desenvolver seus negócios.

Através desse modelo de curso, os alunos manterão contato com os professores e mentores durante mais de um ano, o que permitirá ajudá-los a desenvolver seus negócios baseados em oportunidades e que fomentem a sustentabilidade e a redução da pobreza.

O curso deve propiciar, também, contatos entre os candidatos a empreendedor e os investidores-anjos para ajudá-los a iniciar o negócio; estes devem se estender para além do curso, com o propósito de apoiar os empreendedores a obter recursos financeiros de investidores para financiar o crescimento do negócio. Além disso, o curso de empreendedorismo deve ser complementado com alguns cursos específicos para apoiar os empreendedores na organização, administração e crescimento dos seus negócios.

Para divulgar e motivar ex-alunos a se inscreverem no curso de empreendedorismo, as escolas técnicas e as universidades devem inserir no currículo dos cursos de graduação, um curso básico de empreendedorismo com o propósito de dar a todos os alunos uma noção do que é ser empreendedor. Este servirá para atrair os alunos para o curso de pós-graduação de empreendedorismo. O curso básico, com duração de um semestre, deve focar em como detectar oportunidades de inovação, que é a base para o desenvolvimento de qualquer negócio.

5.1 Grade do curso

A grade do curso, conforme ilustrado na Figura 5, é formada por:

- Quatro sessões de dois dias, sextas e sábados, no início de cada trimestre letivo.

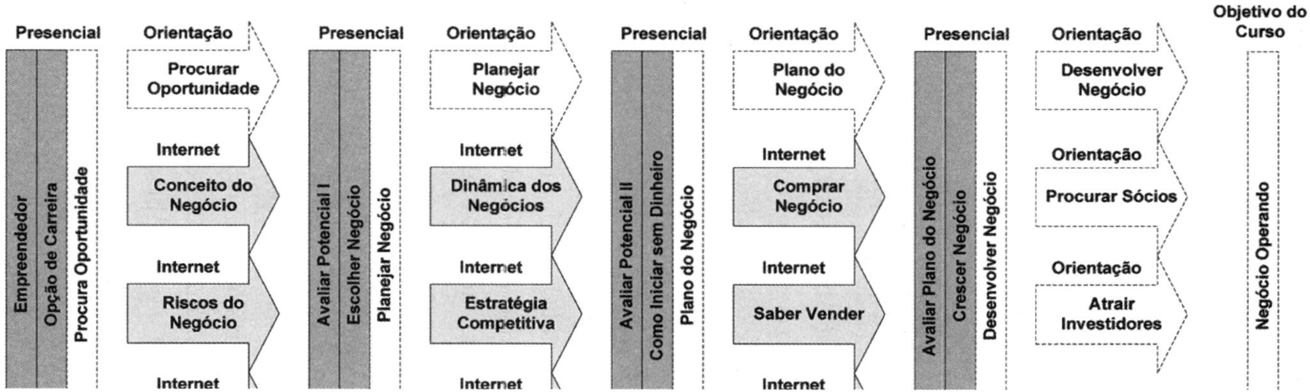
Presencial
Empreendedor
Opção de Carreira
Procura Oportunidade
Orientação
Procurar Oportunidade
Internet
Conceito do Negócio
Internet
Riscos do Negócio
Internet
Presencial
Avaliar Potencial I
Escolher Negócio
Planejar Negócio
Orientação
Planejar Negócio
Internet
Dinâmica dos Negócios
Internet
Estratégia Competitiva
Internet
Presencial
Avaliar Potencial II
Como Iniciar sem Dinheiro
Plano do Negócio
Orientação
Plano do Negócio
Internet
Comprar Negócio
Internet
Saber Vender
Internet
Presencial
Avaliar Plano do Negócio
Crescer Negócio
Desenvolver Negócio
Orientação
Desenvolver Negócio
Orientação
Procurar Sócios
Orientação
Atrair Investidores
Objetivo do Curso
Negócio Operando

Figura 5

- Nove cursos trimestrais através da internet, três por trimestre.
- Três trabalhos, um por trimestre, sob a orientação de professores e mentores.
- Três programas de conclusão do curso, no quarto e quinto trimestres, sob a orientação de professores e mentores.

Em seguida, listam-se, por trimestre, os cursos da grade cujos conteúdos acompanham a sequência do livro *O empreendedor: empreender como opção de carreira* (Degen 2009):

1. *Primeiro Trimestre – Procurar Oportunidade*
   a. Sessão presencial de dois dias:
      1. *Empreendedor.* Abrange os seguintes conteúdos: empreendedor como agente do processo de destruição criativa; definição de empreendedor; papéis do empreendedor; motivos para iniciar um negócio próprio; crise como oportunidade e pequenas empresas inovadoras.
      2. *Opção de carreira.* Abrange os seguintes conteúdos: o perfil do empreendedor; as razões por que pessoas não são empreendedoras; desenvolver um negócio não é difícil; o sucesso depende de escolher, criar, planejar e desenvolver o negócio e colher a recompensa.
      3. *Procura de oportunidade.* Abrange os seguintes conteúdos: predisposição; criatividade; saber o que quer; procurar oportunidades; alguns erros a serem evitados; apresentação dos cursos a serem desenvolvidos pela internet; orientação na procura da oportunidade e na escolha do negócio durante o trimestre.

   b. Durante o trimestre, através da internet:
      1. *Conceito do negócio.* Abrange os seguintes conteúdos: desenvolver o conceito; atributos de valor da oferta; modelo do negócio e posicionar a oferta de valor.
      2. *Riscos do negócio.* Abrange os seguintes conteúdos: paradigma do risco; origens do risco e administrar o risco.

3. *Avaliar potencial.* Abrange os seguintes conteúdos: classificação dos negócios; fracassos medíocres, sucesso pessoal, sucesso passageiro, sucesso sustentado.

c. Durante o trimestre, há orientação individual aos alunos por professores e mentores, na *procura da oportunidade* e na preparação de sua apresentação, em classe, no início do trimestre seguinte.

2. *Segundo Trimestre – Planejar o Negócio*
   a. Sessão presencial de dois dias:
      1. *Avaliar potencial I.* Apresentação, discussão e avaliação do potencial das oportunidades dos alunos.
      2. *Escolher Negócios.* Feira das oportunidades dos alunos e, quando for o caso, formação de sociedades para desenvolvê-las.
      3. *Planejar Negócio.* Apresentação dos cursos a serem desenvolvidos pela internet.
   b. Durante o trimestre, através da internet:
      1. *Dinâmica dos negócios.* Abrange os seguintes conteúdos: negócio como sistema aberto; lei da oferta e da demanda; ciclo de vida; economia de escala; curva da experiência; cadeia de valor; participação no mercado; segmentação; diferenciação; ciclos financeiros e desenvolvimento sustentável.
      2. *Escolha da estratégia competitiva.* Abrange os seguintes conteúdos: análise do entorno do negócio; fatores de sucesso; análise dos recursos; capacidades organizacionais; estratégia competitiva; sustentabilidade da estratégia; modelo entidade-relação; responsabilidade social e ambiental.
      3. *Análise financeira.* Abrange os seguintes conteúdos: fluxo de caixa; remuneração de investimentos; avaliação de investimentos; alavancagem financeira; liquidez, preços e descontos.

c. Durante o trimestre, há orientação individual aos alunos por professores e mentores, de como *planejar o negócio* e na preparação da apresentação da proposta de negócio, em classe, no início do trimestre seguinte.

3. *Terceiro Trimestre – Plano do Negócio*
   a. Sessão presencial de dois dias:
      1. *Avaliar potencial II.* Apresentação, discussão e avaliação financeira das oportunidades dos alunos.
      2. *Como iniciar sem dinheiro.* Abrange os seguintes conteúdos: classificação dos negócios; estágios de financiamento; desacreditar mitos; como iniciar sem dinheiro; financiamentos; empréstimos pequenos; planejar os vencimentos; encontrar um anjo; sócios atuantes; colaboradores; investidores e dinheiro de sócios é caro.
      3. *Plano do negócio.* Abrange os seguintes conteúdos: benefícios do plano; escrever um plano; composição do plano; necessidades dos públicos interessados; apresentação do plano; apresentar o negócio; um minuto de atenção e apresentação dos cursos a serem desenvolvidos pela internet.
   b. Durante o trimestre, através da internet:
      1. *Comprar um negócio.* Abrange os seguintes conteúdos: vantagens de comprar; a razão por que o negócio está sendo vendido; por que não comprar; avaliar preço, franquia e avaliar negócios para aprender.
      2. *Saber vender.* Abrange os seguintes conteúdos: eficiência e eficácia do vendedor; eficácia na comunicação; estilo de comunicação; decisão de compra; sucesso depende do preparo e processo de venda.
      3. *Organizar e administrar.* Abrangendo os seguintes conteúdos: produtividade do trabalho; organizar o trabalho; administrar o trabalho; motivar o trabalho; recrutar e selecionar empregados; escolha de sócios e colaboradores; operar o negócio; responsabilidade social e ambiental.

   c. Durante o trimestre, há orientação individual aos alunos por professores e mentores, de como desenvolver o *plano do negócio* e na preparação da apresentação do plano, em classe, no início do trimestre seguinte

4. *Quarto Trimestre – Desenvolver o Negócio*
   a. Sessão presencial de dois dias:
      1. *Avaliar plano do negócio.* Apresentação, discussão e avaliação dos planos de negócio dos alunos. As avaliações devem ser feitas pelos alunos, uns avaliando os planos dos outros, com o objetivo de desenvolver a capacidade de reconhecer bons negócios e de não investir em negócios medíocres ou de muito risco de fracassarem.
      2. *Crescer o negócio.* Abrange os seguintes conteúdos: impacto do crescimento; fases do crescimento; perfil do gerente empreendedor e do administrador; necessidade de alternância entre os perfis; perfil em função do crescimento e risco; fases dos estágios de crescimento; preço do crescimento para o empreendedor; financiamento do crescimento; fundos de capital de risco e negociação com fundos.
      3. *Desenvolver o negócio.* Avaliação e orientação final de como desenvolver o negócio. Encerramento do curso e instruções para a orientação individual por professores e mentores.
   b. Durante o trimestre, há orientação individual dos alunos por professores e mentores, para o *desenvolvimento do negócio*, sobre como *procurar sócios* e negociar com eles e sobre como *atrair investidores* e negociar com eles.

5. *Quinto Trimestre – Desenvolver o Negócio*
   a. Se necessário, durante o trimestre, os professores e mentores prosseguem com a orientação dos alunos sobre como desenvolver o negócio, procurar sócios e atrair investidores.

A ênfase do curso de empreendedorismo por oportunidade deve seu maior impacto ao desenvolvimento sustentável e à redução da pobreza, que sempre foram os objetivos do autor. Mas isso não quer dizer que o empreendedorismo por necessidade não tenha também um papel importante na redução da pobreza e, principalmente, na inclusão social, como exposto a seguir.

6. EMPREENDEDORISMO POR NECESSIDADE

Apesar de a maioria dos negócios iniciados por necessidade, como o autoemprego, ser "medíocre", conforme classificação do autor, e muitos fracassarem, os que sobrevivem geralmente garantem uma vida digna para os empreendedores. Eles são classificados como "medíocres" porque o empreendedor, geralmente, trabalha mais e ganha menos do que se estivesse empregado. Mas quando não há empregos ou as pessoas não têm a formação necessária para o empreendedorismo por oportunidade, o empreendedorismo por necessidade e o autoemprego são a única solução para elas sobreviverem.

Os negócios iniciados por necessidade não precisam ser "medíocres", e muitos empreendedores conseguem transformá-los em negócios de "sucesso pessoal" e até em "sucesso sustentado", como explicado por Degen (1989). Há muitos cursos e entidades que ajudam e apoiam os empreendedores no início e no desenvolvimento de seus negócios, para que melhorem suas chances de sucesso. No Brasil, o Sebrae[2] e, em outros países da América Latina, a Fundes[3] apoiam os empreendedores com cursos e consultoria.

As escolas técnicas e as universidades como "agentes socializantes", utilizando o conhecimento das disciplinas de sociologia, têm um papel importante ao motivar e apoiar seus alunos e a promover a

---

[2] Veja o site do Sebrae: www.sebrae.com.

[3] Veja o site da Fundes: www.fundes.org.

inclusão social através do empreendedorismo por necessidade. Para isso, é preciso analisar os bolsões de pobreza extrema e encontrar formas de neles promover o empreendedorismo por necessidade.

O ideal é motivar os alunos não só a promoverem o empreendedorismo por necessidade, mas, principalmente, a encontrar as fórmulas de como transformar a necessidade em oportunidade e, assim, ganhar dinheiro e tirar definitivamente as pessoas da pobreza. Prahalad (2006) mostra muitos exemplos de como a pobreza extrema pode ser transformada em negócios de sucesso, em benefício dos empreendedores e, principalmente, dos pobres.

6.1 Promover o empreendedorismo por necessidade

Um exemplo interessante é o caso da empreendedora Lucía Bousses[4] que, orientada e apoiada pelo autor e atuando como "agente socializante", conseguiu transformar um bolsão de extrema pobreza, composto de 35 famílias, numa comunidade que hoje complementa sua renda preservando a Mata Atlântica, na região do Cubatão, no município de Campo Alegre, em Santa Catarina. Anteriormente, essas famílias, que para sobreviver destruíam a mata para fazer carvão e estavam em constante guerra com a fiscalização do IBAMA,[5] hoje vivem em harmonia com ela.

A região onde fica a pequena comunidade do Cubatão foi, com o tempo, tomada pelas grandes reflorestadoras, e os moradores que viviam da agricultura venderam as suas terras. Muitos, com o dinheiro, tentaram se mudar para as cidades da região, mas como a sobrevivência nelas é quase impossível para pessoas simples e, na

[4] Ver mais detalhes sobre o caso da comunidade do Cubatão no site do empreendedor na Lomas Negras Cabanha Orgânica: www.lomasnegras.com. A Conflloresta, por sua contribuição para a comunidade do Cubatão, foi eleita Empresa Cidadã em 2006 pela ADVB de Santa Catarina.

[5] Ibama ver o site: www.ibama.gov.br.

maioria, analfabetas, vários moradores da comunidade continuaram em suas antigas casas, agora sem as terras que haviam vendido para as reflorestadoras, e, depois, sem o dinheiro da venda delas. Assim, tiveram que procurar empregos na região, onde os empregadores eram as empreiteiras das reflorestadoras, com salários de fome, sem registro e em regime de quase escravidão.

Como não conseguiam sobreviver com os salários das empreiteiras, a saída encontrada pela maioria dos remanescentes em Cubatão, foi fazer carvão vegetal. Começaram a cortar a Mata Atlântica, fazer carvão e vendê-lo para distribuidores, que, por sua vez, o vendiam para as cadeias de supermercados. Assim se iniciou o desmatamento clandestino da reserva florestal da Mata Atlântica da região, apesar da constante fiscalização e repressão do Ibama.

O "agente socializante" identificou a dificuldade que as reflorestadoras enfrentavam, pois tinham de conseguir mudas de árvores nativas para reflorestar as áreas de preservação ambiental, que a lei as obrigava a manter. Por isso, propôs que a maior reflorestadora da região, a Comfloresta, fornecesse mudas de árvores nativas plantadas pelas famílias da comunidade do Cubatão. A proposta agradou à reflorestadora, porque resolvia sua necessidade de mudas, e ela se prontificou a treinar os moradores em como coletar e plantar as sementes da floresta.

Com a Comfloresta como principal potencial cliente, o "agente socializante" incentivou o empreendedor a organizar a comunidade em uma cooperativa, denominada Cooperativa Encanto da Natureza. Os moradores, treinados pela reflorestadora, começaram a coletar sementes e a plantar mudas de árvores nativas. As mudas são vendidas regularmente através da cooperativa para a Comfloresta e outras reflorestadoras. O "agente socializante" também conscientizou as reflorestadoras sobre a exploração dos moradores da região por suas empreiteiras. Inteiradas dos abusos das empreiteiras, as reflorestadoras começaram a fiscalizá-las melhor e a exigir salários e condições de trabalho dignas para os empregados.

Hoje as famílias da comunidade do Cubatão têm uma renda mensal complementar oriunda da venda de mudas para as reflorestadoras de perto de R$420. Elas preservam a Mata Atlântica para não perder a fonte das sementes, e a Comfloresta e as outras reflorestadoras da região asseguram o fornecimento de mudas de árvores nativas. Além disso, as empreiteiras, com a fiscalização mais atuante das reflorestadoras, começaram a pagar salários adequados, registrar os empregados e dar-lhes condições de trabalho seguras e dignas. Desse modo, a comunidade do Cubatão deixou de ser um bolsão de pobreza extrema para ser uma comunidade em pleno progresso. O negócio de mudas de espécies nativas foi o início que permitiu que todos se alfabetizassem e começassem a desenvolver negócios complementares.

O exemplo da comunidade do Cubatão mostra que bolsões de pobreza extrema podem ser eliminados através do empreendedorismo por necessidade. Mostrou, também, como as escolas técnicas e as universidades podem, a exemplo do autor, atuar como "agentes socializantes", orientando seus alunos e incentivando-os a promover o empreendedorismo por necessidade e eliminar bolsões de pobreza extrema. O passo seguinte é transformar a necessidade em oportunidade.

7. A FORMAÇÃO DA PRÓXIMA GERAÇÃO DE EMPREENDEDORES

As escolas técnicas e universidades, através de cursos de empreendedorismo, precisam conscientizar e motivar os futuros empreendedores a ser proativos com seus negócios e promover o desenvolvimento sustentável. Não basta somente gerar riqueza para reduzir a pobreza no mundo. É preciso preservar o meio ambiente para as gerações futuras. Por isso, os empreendedores não só devem perseguir objetivos financeiros e sociais, mas também preservar os recursos naturais e proteger o meio ambiente. É preciso que todos lembrem o que Schmidheiny escreveu: "Os negócios vão ter um papel vital na saúde futura deste planeta... o crescimento econômico e a proteção ao meio ambiente estão intrinsecamente ligados, e a qualidade da vida presente e futura depende de atender às necessidades básicas da humanidade sem destruir o meio ambiente do qual toda vida depende" (1992, p. xii).

Além de conscientizar e motivar, é preciso abrir para os futuros empreendedores o mundo das oportunidades de negócios baseados na preservação de recursos naturais, como o uso de energias alternativas e a proteção do meio ambiente através da produção mais limpa.

REFERÊNCIAS

AMORIN, R.; POCHMANN, M. (Orgs.). *Atlas da exclusão social no Brasil.* São Paulo: Cortez, 2003.

ADIZES, I. *How to solve the mismanagement crisis: diagnosis and treatment of management problems.* Nova York: Irvington Publishing, 1979.

DEGEN, R. J. *O empreendedor: fundamentos da iniciativa empresarial.* 8. ed. McGraw-Hill, São Paulo, 1989.

_____. "Empreendedorismo: uma filosofia para o desenvolvimento sustentável e a redução da pobreza". *Revista de Ciências da Administração,* p. 11-30, maio/ago. 2008.

_____. *O empreendedor: empreender como opção de carreira.* São Paulo: Pearson Education, 2009.

FUNDAÇÃO PARA O DESENVOLVIMENTO SUSTENTÁVEL (FUNDES). Disponível em: <http://www.fundes.org>. Acesso em: dez. 2008.

GLOBAL ENTREPRENEURSHIP MONITOR (GEM). *Swiss executive report 2007.* Disponível em: <http://www.gemconsortium.org>. Acesso em: dez. 2008.

KEYNES, J. M. *Economic possibilities for our grandchildren (1930) in essays in persuasion.* Londres: Macmillan, 1931.

NAÇÕES UNIDAS. *Human development report (HDR) 2007/2008.* Disponível em: <http://hdr.undp.org/en/humandev/>. Acesso em: dez. 2008.

PRAHALAD, C. K. *The fortune at the bottom of the pyramid: eradicating poverty through profits.* New Jersey: Warton School Publishing, 2006.

SERVIÇO BRASILEIRO DE APOIO ÀS MICRO E PEQUENAS EMPRESAS (SEBRAE). Disponível em: <http://www.sebrae.com.br>. Acesso em: dez. 2008.

SCHMIDHEINY, S. *Mudando o rumo: uma perspectiva empresarial global sobre desenvolvimento e meio ambiente.* Rio de Janeiro: FGV, 1992. p. xii.

WORLD BANK. *World development report (WDR) 1978-2007.* Disponível em: <http://worldbank.org/reference/>. Acesso em: dez. 2008.

Qual(is) o(s) conteúdo(s) de seu interesse?

Jurídico - ☐ Livros Profissionais ☐ Livros Universitários ☐ OAB ☐ Teoria Geral e Filosofia do Direito

Educação & Referência - ☐ Comportamento ☐ Desenvolvimento Sustentável ☐ Dicionários e Enciclopédias ☐ Divulgação Científica ☐ Educação Familiar
☐ Finanças Pessoais ☐ Idiomas ☐ Interesse Geral ☐ Motivação ☐ Qualidade de Vida ☐ Sociedade e Política

Negócios - ☐ Administração/Gestão Empresarial ☐ Biografias ☐ Carreira e Liderança Empresariais ☐ E-Business
☐ Estratégia ☐ Light Business ☐ Marketing/Vendas ☐ RH/Gestão de Pessoas ☐ Tecnologia

Concursos - ☐ Administração Pública e Orçamento ☐ Ciências ☐ Contabilidade ☐ Dicas e Técnicas de Estudo
☐ Informática ☐ Jurídico Exatas ☐ Língua Estrangeira ☐ Língua Portuguesa ☐ Outros

Universitário - ☐ Administração ☐ Ciências Políticas ☐ Computação ☐ Comunicação ☐ Economia ☐ Engenharia
☐ Estatística ☐ Finanças ☐ Física ☐ História ☐ Psicologia ☐ Relações Internacionais ☐ Turismo

Áreas da Saúde - ☐ Anestesia ☐ Bioética ☐ Cardiologia ☐ Ciências Básicas ☐ Cirurgia ☐ Cirurgia Plástica ☐ Cirurgia Vascular e Endovascular
☐ Dermatologia ☐ Ecocardiologia ☐ Eletrocardiologia ☐ Emergência ☐ Enfermagem ☐ Fisioterapia ☐ Genética Médica
☐ Ginecologia e Obstetrícia ☐ Imunologia Clínica ☐ Medicina Baseada em Evidências ☐ Neurologia ☐ Odontologia ☐ Oftalmologia
☐ Ortopedia ☐ Pediatria ☐ Radiologia ☐ Terapia Intensiva ☐ Urologia ☐ Veterinária

Outras Áreas - ______________________________

Tem algum comentário sobre este livro que deseja compartilhar conosco?

____

* A informação que você está fornecendo será usada apenas pela Elsevier e não será vendida, alugada ou distribuída por terceiros sem permissão preliminar.
* Para obter mais informações sobre nossos catálogos e livros por favor acesse **www.elsevier.com.br** ou ligue para **0800 026 53 40.**